ARTILLERIE PRATIQUE.

Saint-Denis-du-Port, près Lagny. — Typographie Giroux et Vialat.

ARTILLERIE PRATIQUE

EMPLOYÉE SOUS LES RÈGNES

ET

DANS LES GUERRES DE LOUIS XIV ET LOUIS XV

PAR

Le baron Espiard de Colonge

MARÉCHAL-DE-CAMP D'ARTILLERIE FRANÇAISE, MORT EN 1788

OUVRAGE INÉDIT, MIS AU JOUR PAR SON PETIT-NEVEU

LE BARON ALFRED D'ESPIARD DE COLONGE

Attaché pendant 6 ans à la légation de France en Bavière

SEULES TABLES DE L'ARTILLERIE FRANÇAISE AVANT GRIBEAUVAL.

AVEC ATLAS DE 68 PLANCHES

PARIS

J. CORRÉARD, ÉDITEUR D'OUVRAGES MILITAIRES

RUE DE L'EST, 9

1846

A

SON ALTESSE ROYALE

MONSEIGNEUR

LE DUC DE MONTPENSIER.

L'empressement que Votre Altesse Royale met à s'éclairer sur les travaux de ses devanciers dans l'Artillerie, et à favoriser tout ce qui tend à réunir en corps de science l'arme qu'elle a honorée de son choix, l'a portée à agréer la dédicace de cet ouvrage. Il est le fruit de l'expérience et des travaux militaires d'un homme dont la vie s'est passée tout entière au service de la France.

Je me suis appliqué à coordonner les parties de
ce travail, à l'éclaircir, à en justifier les vues et
à le rendre digne de paraître sous l'auguste pro-
tection de Votre Altesse Royale; trop heureux si
j'ai atteint mon but et si elle daigne le recevoir
comme une preuve de mon zèle ardent et du profond respect avec lequel je suis,

Monseigneur,

De Votre Altesse Royale,

Le très humble et très obéissant serviteur,

Le baron d'Espiard de Colonge.

AVERTISSEMENT.

Si cet ouvrage, qui d'abord n'était point destiné à être imprimé, eût été publié pendant la vie de l'officier qui a exécuté ce travail, il y eût fait sans doute plusieurs corrections. On sait combien un manuscrit diffère ordinairement de l'ouvrage que l'on donne au public : et les auteurs les plus célèbres sont souvent ceux qui corrigent davantage à l'impression.

Mais dans ce cas particulier d'un ouvrage posthume, inédit, qui date d'une époque déjà si éloignée, j'ai cru, tout en corrigeant les épreuves avec le plus grand soin, devoir conserver, autant que possible, dans toute son intégralité, le caractère du temps où ce livre a été écrit. J'ai voulu, ainsi par là,

donner une marque de respect à la mémoire de mon grand-
oncle ; et je considère d'ailleurs que l'ouvrage sera plus
intéressant dans son état primitif.

Au reste, comme un pareil ouvrage ne tombera que dans
les mains d'un public éclairé, il saura bien y trouver ce qu'il
renferme d'utile sans se laisser arrêter par les imperfections
qu'il y rencontrera. Celui qui voudra étudier l'artillerie de
Louis XIV et de Louis XV ne se préoccupera guère de l'ancienne tournure de quelques phrases ; de quelques mots oubliés dans nos vocabulaires ou dont l'orthographe est chan-
gée.

NOTICE BIOGRAPHIQUE.

Qui me deprimit elevat.

Le Baron d'Espiard de Colonge (Jean-Alexandre) naquit à Paris le 20 avril 1713. et fut baptisé à Saint-Sulpice. Il était le troisième fils de Philibert d'Espiard de Colonge, seigneur de Màcon (château de la haute Bourgogne), capitaine d'un régiment de dragons en 1690. etc.. et de Marie-Madeleine de Dreux Brézé.

Ses deux frères ainés entrèrent : le premier. dans les Mousquetaires, et fut plus tard lieutenant des Maréchaux de France: le deuxième. dans la Gendarmerie de la garde du roi.

Jean-Alexandre Espiard de Colonge fut reçu officier d'artillerie, le 14 novembre 1735.

Capitaine, le 14 avril 1748.

Chevalier de Saint-Louis, en mai 1753.

Chef de brigade. le 15 octobre 1765.

Lieutenant-Colonel. le 31 janvier 1767.

Colonel, le 3 juin 1779.

Brigadier, le 5 septembre 1781.

Maréchal-de-Camp. le 7 mars 1788.

Entré au service en même temps que M. de Manson dont il fut l'émule, il parvint au grade de Général la même année que ce célèbre officier d'artillerie. rédacteur des *Tables de Gribeauval* (1).

Il est assez curieux d'examiner cet état de service qui nous

(1) On lit dans l'intitulé *des Tables de Gribeauval*, qu'elles furent rédigées par M. de Manson et plusieurs autres officiers d'artillerie ; or.

montre ce qu'était l'avancement sous Louis XV et Louis XVI.

En 1761, Espiard de Colonge commandait à Schelestadt. Il fut nommé, en 1779, Directeur de l'artillerie des provinces de Guienne, Basse-Navarre et Béarn ; et en 1786 également de Landau. Il a fait dix-sept campagnes ; a pris part à quinze siéges et à trois batailles, dans l'une desquelles il reçut une blessure.

Quoi qu'il habitât ordinairement Strasbourg, il mourut à Saint-Sauveur en Médoc, le 5 décembre 1788, pendant une de ses tournées d'inspection.

Le Baron Espiard de Colonge était d'une très ancienne famille, il descendait des puissants châtelains, sires de Mont-Saint-Jean (Bourgogne), quasi ruinés dans le commencement du XIVe siècle par les guerres féodales qu'ils eurent à soutenir contre les derniers Ducs de Bourgogne de la première race, avec lesquels ils avaient eu alliance précédemment, ainsi qu'avec la Maison de Vergy. Cependant, Jean Espiard, châtelain de Pouilly en 1358 et 1361, capitaine de Jussey, seigneur de Mont-Saint-Jean, rendit de nombreux services lors de l'invasion des Anglais ; il parut aussi aux parlements ou grands jours tenus à Beaune en 1370. Son fils, Jacques Espiard, seigneur de Flée, fut du nombre de ceux qui prêtèrent de l'argent, en 1407, à Jean-Sans-Peur, Duc de Bourgogne. Jacques Espiard de Flée avait épousé *Blanche de Cordesse*, dont il eut Anthoine Espiard de Mont-Saint-Jean, qui épousa *Jeanne de Margueron*. Anthoine eut pour fils Jean Espiard, lieutenant-général du comté de Charolais, marié à *Guillemette de la Bouthière*, en 1497. Il en eut Claude Espiard, seigneur de Sonnotes, qui se maria à *Jeanne de Comeau*, en 1537 (1).

comme le général Espiard de Colonge était fort lié d'amitié avec M. de Manson, il y a tout lieu de croire qu'outre cet ouvrage d'*Artillerie pratique* qu'il a fait précédemment, et dont toutes les planches sont dessinées de sa main, le général Espiard de Colonge fût aussi un de ces officiers qui coopérèrent à la rédaction des *Tables de Gribeauval*.

(1) Sébastien-Joseph de Comeau, de cette famille, ayant pris du service en Bavière en même temps que mes oncles, dont je parlerai plus loin, rendit un service signalé à l'armée française à la bataille de Wagram. S.-J. de Comeau avait épousé Eugénie Espiard de Mâcon, sa cousine; sa mère étant aussi de ma famille. Il est mort maréchal-de-camp en retraite, en 1843.

Au temps de la Ligue, le fils de celui-ci, Melchior Espiard de Sonnotes, sous Mont-Saint-Jean, seigneur de Ge-
nay. Pasques et Lanthenay, etc., Bailli général du comté de
Charny, chevalier d'honneur du parlement de Bourgogne (1),
ayant levé un corps de troupes suivit le parti de Henri IV (2),
et cet officier-général servit beaucoup ce Prince pour la réduc-
tion du pays, tant par les armes que par diverses négocia-
tions dont il fut chargé. Il fut blessé sous les murs d'Autun où
il parut en qualité de Mestre-de-camp sous les ordres du Maréchal d'Aumont. et assiégea lui-même diverses autres places,
après le départ de ce Maréchal. Henri IV montra combien il
portait d'estime à Melchior Espiard, dans une lettre qu'il lui
écrivit le 28 novembre 1594; et par une autre au Maréchal
de Lavardin. du 1ᵉʳ juillet 1602, où ce Prince en parle comme
d'un de ses meilleurs officiers.

A peu près à la même époque, Espiard, seigneur de Vala-
brègues, d'une autre branche établie dans le midi de la
France au commencement de ce XVIᵉ siècle, d'abord Capitaine du régiment du brave Crillon, et chef de parti, fit longtemps la guerre en Dauphiné. en Provence et dans le Languedoc. Il tenta avec Boucicaut une surprise sur Genève. Et
en l'an 1582 il fit partie de l'armée que le duc Charles-Emmanuel avait rassemblée contre les habitants de Berne : il y
commandait un corps de Provençaux (*Hist. du Bugey*). Il
fut mêlé fortement dans les affaires de la Ligue et fut tué
en 1584, par l'explosion d'un artifice de feu, au château de
Beaucaire où il commandait. « Son neveu (disent les mémoires de Duplessis), arrivant sur ces entrefaites, porteur de
lettres de Charles-Emmanuel, duc de Savoie. pour son oncle.
et le trouvant mort, se hâta d'apporter ces lettres d'un haut
intérêt au roi Henri III, à Paris. »

(1) Le parlement de Bourgogne était le seul des parlements du royaume
qui eut la prérogative. par les traités de réunion du duché à la couronne
de France, d'avoir ainsi des charges militaires. Ces officiers étaient
comme le bras droit de la Justice, portant son épée. pendant qu'elle était
occupée à tenir la balance pour peser les droits de chacun. C'était un
reste de la féodalité.

(2) Au moment de la Ligue. le parlement de Bourgogne se divisa en
deux partis : l'un pour Henri IV. et l'autre pour le duc de Mayenne.

Ce qui prouve la bonne foi d'Espiard, dans toutes les intrigues malheureuses où on avait voulu le jeter et où il avait failli être compromis. Duplessis avait lui-même amené à la cour de Henri III l'homme qui avait dénoncé Espiard, et c'est au moment où Duplessis voulait s'en faire un mérite auprès du roi que le neveu d'Espiard arriva et coupa court à toute cette dangereuse intrigue.

Claude Espiard de Saulx, de la même famille que les précédents, religieux Bénédictin, s'étant acquis une très grande renommée parmi les religieux de son ordre, fut élu sous le nom de Dom Germain, abbé de Cluny, le 13 décembre 1642, après la mort du cardinal de Richelieu qui en était abbé. Mais en 1644 il dut résigner cette dignité en faveur du prince de Conti, frère du grand Condé : il dut céder à la puissance le droit de son élection. Déjà tout n'était plus que ruine ; la multitude d'individualités de premier ordre s'effaçait au profit de quelques-unes : une vigoureuse centralisation s'établissait partout sur le sol de la vieille France. Mais ce jeune prince lui-même, alors âgé de quinze ans, ne fut qu'un levier dont se servit Mazarin qui, déjà probablement, dans son insatiable et cupide ambition, convoitait cette superbe abbaye dont il fut nommé abbé quelques années plus tard, après avoir marié sa nièce Anne-Marie Martinozzi, au prince de Conti.

Cette même branche a donné aussi un président du parlement de Besançon, François-Bernard Espiard de Saulx, né à Dijon en 1659 ; illustre jurisconsulte dont il est parlé dans les biographies, ainsi que de ses deux fils, dont l'un, abbé de Saint-Rigaud, membre de l'Académie de Besançon, fut prédicateur de la reine, épouse de Louis XV.

Plusieurs autres membres de la famille se sont distingués dans les armes, le clergé, les parlements, ou comme élus aux États-Généraux de la province de Bourgogne.

Le baron Espiard de Colonge, outre l'ouvrage que je donne ici au public, avait fait divers mémoires sur l'artillerie, dont trois se trouvent encore aux Archives du dépôt central, place Saint-Thomas-d'Aquin, à Paris.

Le premier, de 1763, est intitulé : *Observations sur la dé-*

vision qui prescrit de mettre des grains de lumière à froid aux canons.

Le deuxième, en 1767, *un mémoire concernant les moyens à employer pour empêcher les cartouches, tant à boulet qu'à balles, de tamiser dans les caissons.*

Le troisième, en 1775 : *Connaissances préliminaires des procédés qui sont en usage à Klingenthal pour la fabrication des armes blanches.*

Il se maria le 19 juillet 1751 à Eugénie de Gail, d'une famille d'Alsace, et il en eut deux fils. L'un et l'autre, déjà capitaines d'artillerie au commencement de la Révolution, furent du nombre de ceux qui se crurent forcés d'émigrer, et ils firent alors les guerres pleines d'abnégation personnelle de l'armée de Condé : cette armée de Français tous prêts un instant auparavant à se faire tuer pour leur pays, et que la force des choses poussa à se battre contre la France.

Ma famille est catholique, mais qu'on me permette ce rapprochement : certaines personnes ont beaucoup parlé des protestants français exilés à la révocation de l'Édit de Nantes. On ne conçoit plus qu'à peine aujourd'hui, en France, les vieilles haines de catholiques à protestants des siècles passés. Déjà aussi on commence à ne plus comprendre celles de la fin du siècle dernier, contre des hommes qui furent toujours des premiers quand il fallut se ruiner et verser son sang pour le service du pays, pour ce qu'ils crurent de leur devoir et de leur honneur de soutenir. C'est que le principe aristocratique, depuis 1830, ne paraît guère plus à redouter que le fédéralisme protestant d'autrefois, pour l'esprit démocratique, la centralisation parisienne, qui a tracé déjà presque partout des limites infranchissables. Dans la vie d'un peuple, on voit souvent entre hommes politiques, de violentes oppositions, heureusement beaucoup apaisées de nos jours : la plupart des émigrés n'étaient point des hommes politiques, mais simplement des officiers qui, dans le libre arbitre de la conscience, jugèrent que le nouveau serment exigé était incompatible avec leur honneur militaire. Reportons-nous à ce temps : pour ceux qui avaient accepté les compensations de Louis XIV, ou pour les officiers studieux éloignés des événements, le souvenir

des indépendances féodales et celui des anciennes guerres ci-
viles étaient entièrement oubliés : l'éducation avait tracé le
devoir.

En 1801, les deux fils du général Espiard de Colonge, entrèrent au service de Bavière et eurent dès-lors souvent l'occasion de servir avec les armées françaises, et le bonheur de
s'y distinguer : deux fois ils furent cités à l'ordre du jour du
général Vandamme. Dans son rapport du 14 janvier 1807,
le général Pernety en parle ainsi :

« L'artillerie bavaroise comptait devant Breslau deux offi-
« ciers supérieurs remplis de talent, d'expérience et de bra-
« voure : MM. Espiard de Colonge frères, dont l'aîné rem-
« plissait les fonctions de chef d'état-major d'artillerie.
« MM. de Colonge et le capitaine Marion ont fait retirer de
« batterie, en plein jour, sous le feu le plus vif de l'ennemi,
« à 150 toises de distance, malgré qu'un coffret ait sauté en
« l'air, et que plusieurs hommes et chevaux aient été tués,
« six bouches à feu de campagne, devenues nécessaires à
« l'appui des troupes en ligne contre l'armée de secours,
« commandée par le prince de Pleyss. »

François-Alexandre baron Espiard de Colonge l'aîné, dont
il vient d'être parlé, fit en 1809, les guerres du Tyrol avec le
général Drouet d'Erlon. Il commandait en 1812 l'artillerie
bavaroise du corps d'armée du maréchal Gouvion St-Cyr, et
fut blessé grièvement de sept coups de sabre sur la tête au
combat de Polosck dans une dernière charge de la cavalerie
russe, au moment où il exécutait un ordre que ce maréchal
venait de lui donner.

Voici l'extrait d'une lettre relative à cet évènement, qu'il
écrivit à son frère.....

« Je me trouvais seul à côté du maréchal ; l'affaire était à
« nous, il ne restait plus sur le terrain qu'un régiment de ca-
« valerie russe, encore menaçant pour une batterie française,
« qui, n'étant pas soutenue, se mettait en retraite. Le maré-
« chal me dit d'essayer de lui faire tirer quelques coups à
« mitraille, et que, pendant ce temps-là, il allait la faire se-
« courir. Je partis, mais je ne pus réussir à lui faire exécuter
« cet ordre : déjà il était trop tard, la cavalerie russe arrivait

« sur nous ; alors je vis bien que j'allais être sabré, et comme
« il est plus honorable d'être tué par devant que par derrière,
« je tournai tête à l'ennemi : aussitôt, cinq ou six cavaliers
« m'entourèrent, et le régiment, ma défense ne fut pas lon-
« gue, je fus bientôt à terre... » Relevé sur le champ de bataille, ce ne fut que quelques jours plus tard qu'il fut fait pri-
sonnier par un parti russe. Il fut conduit à Saint-Pétersbourg,
où ayant l'avantage d'être connu personnellement de S. M.
l'Impératrice, il dut à sa haute bienveillance d'être rendu
bientôt à la liberté. Il mourut général-major, à Munich, le 8
août 1814. François-Alexandre était né en 1752, et avait
épousé, comme son père, une demoiselle de Gail. Il en eut
deux fils qui moururent jeunes : l'aîné, au service de France,
capitaine au régiment illyrien, fut tué en 1812, dans les premières affaires de la campagne de Russie ; le second, au service de Bavière, mourut à Munich, en 1827.

Benigne, Jean-Claude, baron d'Espiard de Colonge, né en
1754, connu longtemps sous la dénomination de chevalier de
Colonge, frère cadet de François-Alexandre, est mort également à Munich, le 5 février 1837, très estimé et regretté de
la cour et de tous les officiers bavarois, français ou autres
qui ont eu quelques rapports avec lui. Ayant atteint successivement les différents grades de l'arme dans laquelle il avait
l'honneur de servir, il fut nommé Directeur-Général du mi-
nistère de la guerre et Conseiller d'État en 1817 ; S. M. le
Roi de Bavière le fit Lieutenant-Général le 11 février 1824. Il
était en outre Grande-Croix du mérite de Bavière ; commandeur de Saint-Louis, dont il avait reçu les insignes et le brevet
de S. M. Louis XVIII ; commandeur de St-Léopold d'Autri-
che, de St-Wladimir de Russie ; chevalier de l'Ordre militaire
de Bavière, etc.

Ils avaient été comblés de faveurs par l'auguste maison
royale de Bavière, qu'ils ont servie en retour constamment avec
la reconnaissance et le respectueux dévouement qu'ils lui devaient.

Après 1815, lorsque la paix fut faite, il fut un des commissaires nommés pour la délimitation des frontières entre la
France et la Bavière.

En 1826, le lieutenant-général, baron d'Espiard de Colonge, fut chargé par le gouvernement bavarois de diriger et de faire exécuter, sous ses ordres, un travail complet sur l'état actuel de l'artillerie bavaroise, qui avait été demandé par le gouvernement français. Ce travail est aujourd'hui au dépôt d'artillerie à Paris. Il consiste en 23 planches, accompagnées d'un mémoire intitulé :

« *État de toutes les parties du matériel de campagne de*
« *l'artillerie bavaroise, avec la spécification des changements*
« *ou plutôt des corrections faites à quelques-unes de ces par-*
« *ties depuis la campagne de 1807, et dont les avantages*
« *ont été confirmés par l'expérience acquise dans les campa-*
« *gnes subséquentes.* »

A la Restauration, S. M. Louis XVIII lui avait fait faire l'offre de rentrer en France avec son grade; mais ayant trouvé une seconde patrie en Bavière, il ne crut pas devoir accepter. Louis XVIII, toutefois, lui envoya le 14 mai 1817, l'autorisation officielle de continuer à servir en pays étranger sans perdre sa qualité de Français, mais ce n'était plus qu'une affaire de courtoisie : pour lui tout était consommé. Froissé autrefois dans ses croyances, la Bavière était devenue sa patrie et il avait suivi toutes les conséquences de ce fait. Dans les campagnes de 1814 et de 1815 il avait commandé en chef d'une façon distinguée l'artillerie bavaroise, et il eut alors souvent l'occasion d'être utile à ses anciens compatriotes. Mais il voulut rester conséquent dans sa conduite : homme plein d'honneur, si des actes extrêmes l'avaient fait changer de pays, rien ne l'a jamais fait varier.

Quoiqu'il eût rempli divers postes importants et qu'il eût refusé en 1818 d'être employé à la commission militaire de la Fédération Germanique avec un traitement de trente mille francs environ, il n'était pas riche. Sans la Révolution il eût eu une fortune considérable. Un de ses parents, Louis-Auguste Espiard, Baron d'Allerey, capitaine de cavalerie, chevalier de Saint-Louis, puis Conseiller au Parlement de Bourgogne, devait ériger, de sa baronnie d'Allerey, un majorat en sa faveur. Mais, au moment de la Terreur, celui-ci fut dénoncé par son domestique, à l'aide duquel il avait caché une somme de quatre cent mille francs, à peu près, et périt bientôt après victime de cette exécrable dénonciation, inspirée par le fanatisme politique seul, car cet homme ne le vola point. Je trace ici une page d'histoire, je veux y parler sans haine. Louis-Auguste était petit-neveu de Guy Auguste Espiard, seigneur de Thoisy, Varennes, etc., gentilhomme du duc d'Orléans, vers 1670.

Tous les membres de ma famille aujourd'hui existants, excepté deux, MM. Espiard de Clamerey, qui n'ont point de postérité masculine, descendent de Philibert Espiard de Colonge, mon bisaïeul paternel, dont j'ai parlé au commencement de cette biographie. L'un des héritiers, par testament, de feu le Lieutenant-Général Baron Espiard de Colonge, mon oncle (cousin issu de germain), et ayant été attaché en 1838 à la Légation de France en Bavière, je repris le surnom de Colonge, sous lequel il était principalement connu. Ce surnom, au reste, est celui de ma branche, par suite d'un arrêt du conseil d'État, rendu dans les premières années du siècle passé, en faveur de ma famille, et confirmatif de nos anciennes prérogatives, dans lequel Philibert Espiard de Colonge se trouve ainsi dénommé entre les autres branches, et former par là la tige de la mienne. Cet acte d'ailleurs était assez dérisoire, ma famille étant parfaitement connue dans la province de Bourgogne. Mais beaucoup de familles alors, dans des prévisions d'avenir (qui ont trompé d'une autre façon), et pour parer aux destructions et aux ordonnances antérieures, avaient sollicité de pareils arrêts du conseil d'État. D'ailleurs, des haines s'étaient manifestées contre nous dans le xvii⁰ siècle. Provenaient-elles sourdement de Mazarin qui nous avait enlevé de force ou fait enlever l'abbaye de Cluny? Dans l'histoire des familles tout n'est qu'obscurité. Rendons justice à ce temps-ci qui a vu naître quelques idées vraiment conservatrices.

Dans un gouvernement représentatif, certaines familles se retrouvent naturellement, et toutes les individualités peuvent y être précieuses. Le mérite personnel ne constitue point toujours seul l'individualisme qui se compose aussi de ce que nos prédécesseurs nous ont acquis, et de ce que la Charte conserve à tous.

Pour en revenir au Baron **Espiard de Colonge**, auteur de l'ouvrage que je publie ici : le 21 février 1785, il avait été immatriculé dans la noblesse des médiatisés de l'Alsace, ou, comme je l'ai dit, il s'était marié. Cette noblesse avait conservé par les traités de paix certains droits nobiliaires dans l'empire germanique : il faisait ainsi partie du *cercle de l'Or-tenau*. Louis XIV avait ajouté à ces prérogatives celle de se qualifier en France du titre de Baron, et c'est en produisant cet acte d'immatriculation que ses fils, avec l'agrément de S. M. le Roi de Bavière, furent inscrits parmi les Barons de ce pays.

Mais parmi les familles qui ont cru devoir revendiquer un titre, ils eussent pu prétendre à un autre plus élevé. C'était donc de l'humilité, car les titres, n'existant plus que dans le mot, n'avaient plus la même valeur en France ; là, l'unité religieuse en glissant des mains de Rome, était devenue la démocratie, une démocratie qui aujourd'hui fait frémir l'Angleterre. Beaucoup diront que c'est justice, et que l'Angleterre a toujours empêché chez les autres, autant qu'elle a pu, les hommes et les choses qui paraissaient devoir conduire à un résultat sérieux. S'il en est ainsi, elle s'est trompée, et nous pensons que ses prévisions la trompent encore : en France, avec plus de franchise en politique, on désire sincèrement la paix avec et chez cette nation utile.

Ce n'est sans doute pas trop tôt, après cinquante ans d'oubli, d'honorer par une juste célébrité la mémoire du général Espiard de Colonge, pour ses travaux sur l'Artillerie, qui prouvent une connaissance approfondie de son arme.

Cet ouvrage, le seul qui nous fasse connaître dans tous ses détails l'artillerie française d'une époque célèbre dans les annales militaires de l'Europe, pouvait être perdu à travers les évènements qui se sont succédés. Il est resté longtemps hors de France ; je l'ai apporté à Paris où il y avait seulement, je crois, chance de le publier(1). Mais c'est d'après l'avis de plusieurs généraux que je me suis

(1) M. le général Marion et M. Mazé, chef d'escadron d'artillerie, professeur à l'École royale d'État-Major, m'ont été très utiles pour les arrangements de cette publication.

décidé à faire faire cette publication : entre autres de M. le
général d'artillerie Marion, ancien frère d'arme des fils du
général Espiard de Colonge. M. le général Marion est un juge
très compétent en pareille matière; je joins donc ici la note
suivante qu'il m'a donnée :

« L'ouvrage manuscrit portant le titre trop modeste d'*Ar-*
« *tillerie Pratique*, fait par le général baron Espiard de Co-
« longe, en deux volumes, dont un de planches très bien
« dessinées, est fort intéressant pour l'arme de l'artillerie.
« On eût pu l'intituler *Table des systèmes en usage avant*
« *Gribeauval.* Cet ouvrage est un traité très détaillé de l'artil-
« lerie sous MM. de Vallière, avec les améliorations qui ont
« été faites successivement pendant que l'auteur vivait. Il
« n'existait jusqu'à présent que des documents très impar-
« faits et peu nombreux sur l'artillerie de l'époque de Louis XIV
« et de Louis XV.

« M. le général Espiard de Colonge était père d'officiers
« très distingués morts, l'aîné général-major, l'autre lieute-
« nant-général en Bavière. Ces derniers ont succédé au célèbre
« général de Manson. Ils furent très honorablement cités dans
« la campagne de Silésie en 1806, qu'ils firent avec les ar-
« mées françaises; ce sont eux seuls qui ont dirigé les opéra-
« tions du siége de Glogau avant d'aller à Breslau.

« Dans cette *Artillerie Pratique*, on parle des bouches à
« feu et des fonderies. — Des forges, des projectiles et de la
« fabrication de ceux-ci. — Des poudreries, de l'approvision-
« nement des places ayant depuis six jusqu'à quatorze bastions.
« Des munitions, de la confection des artifices et de leur con-
« servation. On y donne toutes les mesures en usage dans l'ar-
« tillerie; on y présente tous les affûts, voitures, machines et
« armes dont on se servait sous les règnes de Louis XIV et de
« Louis XV, ainsi que tous les équipages de ponts alors em-
« ployés; on y fait voir les différentes espèces de batteries de
« côtes et de sièges, etc. »

Ce ne fut qu'en 1792 qu'on acheva d'imprimer, à quatre-vingts exemplaires seulement, les Tables de Gribeauval, cette base fondamentale du matériel de l'artillerie française. Le lieutenant-général de Manson, poussé par les évènements politiques, ayant pris du service en Bavière après le licenciement de l'armée de Condé, ne put jouir de la gloire que lui avait acquise dans son arme ce beau et long travail de sa vie. La tombe de M. de Manson, déjà presque ignorée, se trouve dans le cimetière de Munich, proche de celles de mes oncles.

Le baron Alfred d'Espiard de Colonge.

ARTILLERIE PRATIQUE.

DU PIED DE ROI.

Le pied de roi est la sixième partie de la toise, avec lequel on mesure tous les ouvrages d'artillerie.

La toise a donc 6 pieds.

Le pied a 12 pouces.

Le pouce a 12 lignes.

La ligne a 12 points.

Le pied cube contient 1,728 pouces cubes.

Le pied marchand a 11 pouces.

Le pouce a 12 lignes.

Le pied de Lille a 11 pouces de roi.

Le pied de Douai 10 pouces, qui font les 11 de Lille.

Le pied de giste est un pied de long sur un pouce en carré: on appelle ce pied cheville dans le toisé du bois.

MESURE DES BOIS.

Les bois se mesurent :

Ou en... { Toises,
Solives,
Pièces.

Soit en toises, solives ou pièces, c'est toujours 3 pieds cubes qui valent 5,184 pouces cubes.

Voy. *Des Bois.*

DE L'AUNE DE PARIS.

L'aune de Paris a 3 pieds 8 pouces de roi.

DE LA CANNE.

En Languedoc, Provence et Roussillon, la canne a 8 pans,
elle est égale à la toise.

DU PAS.

Le pas commun est de 2 pieds 1/2.
Le pas géométrique est de 5 pieds.

DES DEGRÉS.
Pl. 4.

Un degré est le 1/360 du cercle.

DU QUART DE CERCLE.
Pl. 4.

Le quart de cercle sert à l'élévation des mortiers.
Un degré se divise en 60 minutes.
Une minute en 60 secondes.
Un degré du grand cercle de la terre est estimé 25 lieues
communes de France.

DES POIDS.

Le poids de marc pour l'artillerie.
Le poids de table.

La livre poids contient 16 onces.

La livre poids de marc pèse 19 onces de table.

Le cent poids de marc pèse 118 livres 12 onces de table.

Le cent poids de table pèse 84 livres de marc.

Le cent poids de forge pèse 104 livres marc.

Toutes les munitions du roi dans ses arsenaux, se pèsent poids de marc et s'enregistrent et se mettent sur les inventaires suivant ce poids.

DES BALANCES ET ROMAINES.
Pl. 4.

On pèse avec l'une ou l'autre, mais la première est la plus juste.

DES POIDS A PESER.
Pl. 4.

Ils doivent être de cuivre, de fer ou de plomb bien épatés.

DES MESURES DE FER BLANC

Pour mesurer la poudre,

CALCULÉES SUR LE PIED DE **70** LIVRES POUR UN PIED CUBE,

Ayant leur hauteur égale à leur diamètre.

POIDS.	POUCES.	LIGNES.	
4 onces	1	11	3/4
8 onces	2	6	»
12 onces	2	10	1/4
1 livre	3	1	3/4
2	3	11	1/2
3	4	6	1/2
4	5	»	»
5	5	4	3/4
6	5	8	3/4
7	6	»	1/4
8	6	3	1/2
9	6	7	»
10	6	9	1/2

MESURE DE FER BLANC

DONT LA HAUTEUR EST LE DIAMÈTRE ET 1/4.

	DIAMÈTRES.			HAUTEURS.		
POIDS.	POUCES.	LIGNES.		POUCES.	LIGNES.	
4 onces	1	10	»	2	3	$\frac{1}{2}$
8 onces	2	3	$\frac{3}{4}$	2	10	$\frac{11}{16}$
12 onces	2	7	$\frac{3}{4}$	3	3	$\frac{14}{16}$
1 livre	2	11	»	3	7	$\frac{2}{.}$
2	3	8	$\frac{1}{4}$	4	7	$\frac{5}{16}$
3	4	2	$\frac{1}{2}$	5	3	$\frac{1}{5}$
4	4	7	$\frac{3}{4}$	5	9	$\frac{11}{.}$
5	5	»	»	6	3	»
6	5	3	$\frac{3}{4}$	6	7	$\frac{11}{16}$
7	5	7	»	6	11	$\frac{3}{4}$
8	5	10	$\frac{1}{.}$	7	3	$\frac{13}{16}$
9	6	1	»	7	7	$\frac{1}{2}$
10	6	3	$\frac{1}{.}$	7	10	$\frac{3}{.}$

DU CANON.

Les calibres des pièces dont on se sert à présent sont de
33. 24. 16. 12. 8 et 4.

PIÈCES ORDINAIRES

Coulées par Bérenger de Falises, à Douai.

| | LONGUEUR. | | |
	PIEDS.		CALIBRES.	POIDS.
De 33	10	»	18	6200
De 24	10	»	20	5200
De 16	9	2	21	4400
De 12	8	6	22	3200
De 8	8	4	23	2200
De 4	6	6	24	1100

TABLE DES CALIBRES DES PIÈCES

ET

Des Diamètres des Boulets.

CALIBRES DES PIÈCES.				DIAMÈTRES DES BOULETS.			
Poids.	Pouces.	Lignes.	Points.	Poids.	Pouces.	Lignes.	Points.
1 livre. . .	1	11	6	. . . .	1	10	8
2	2	5	7	. . . .	2	4	6
3	2	9	10	. . . .	2	8	8
4	3	1	3	. . . .	2	11	11
5	3	4	2	. . . .	3	2	9
6	3	6	8	. . . .	3	5	2
7	3	8	9	. . . .	3	7	4
8	3	11	»	. . . .	3	9	4
9	4	»	10	. . . .	3	11	1
10	4	2	7	. . . .	4	»	10
11	4	4	3	. . . .	4	2	4
12	4	5	9	. . . .	4	3	10
13	4	7	3	. . . .	4	5	3
14	4	8	5	. . . .	4	6	7
15	4	9	11	. . . .	4	7	10
16	4	11	2	. . . .	4		1
17	5	»	4	. . . .	4	10	3
18	5	1	7	. . . .	4	11	4

     ARTILLERIE PRATIQUE.

CALIBRES DES PIÈCES.				DIAMÈTRES DES BOULETS.			
Poids.	Pouces.	Lignes.	Points.	Poids.	Pouces.	Lignes.	Points.
19	5	2	8	. . . .	5	»	5
20	5	3	9	. . . .	5	1	6
21	5	4	10	. . . .	5	2	6
22	5	5	10	. . . .	5	3	6
23	5	6	9	. . . .	5	4	5
24	5	7	9	. . . .	5	5	4
25	5	8	8	. . . .	5	6	3
26	5	9	7	. . . .	5	7	1
27	5	10	6	. . . .	5	8	»
28	5	11	4	. . . .	5	8	9
29	6	»	2	. . . .	5	9	7
30	6	1	»	. . . .	5	10	5
31	6	1	5	. . . .	5	11	2
32	6	2	9	. . . .	5	11	11
33	6	3	7	. . . .	6	»	8
34	6	4	4	. . . .	6	1	5
35	6	4	11	. . . .	6	2	1
36	6	5	10	. . . .	6	2	10
37	6	6	7	. . . .	6	3	6
38	6	7	3	. . . .	6	4	2
39	6	7	8	. . . .	6	4	10
40	6	8	4	. . . .	6	5	6
48	7	1	4	. . . .	6	10	4

TABLE DES ONCES.

CALIBRES DES PIÈCES.				DIAMÈTRES DES BOULETS.			
Poids.	Pouces.	Lignes.	Points.	Poids.	Pouces.	Lignes.	Points.
1.	»	9	3	. . . .	»	9	
2.	»	11	9	. . . .	»	11	4
3.	1	1	5	. . . .	1	»	11
4.	1	2	9	. . . .	1	2	3
5.	1	3	11	. . . .	1	3	4
6.	1	4	11	. . . .	1	4	4
7.	1	5	10	. . . .	1	5	2
8.	1	6	7	. . . .	1	6	»
9.	1	7	4	. . . .	1	6	8
10.	1	8	1	. . . .	1	7	4
11.	1	8	8	. . . .	1	8	»
12.	1	9	4	. . . .	1	8	7
13.	1	9	11	. . . .	1	9	1
14.	1	10	5	. . . .	1	9	8
15.	1	11	»	. . . . . .	1	10	2

MANIÈRE DE TROUVER LE DIAMÈTRE D'UN BOULET CONNAISSANT CELUI D'UNE LIVRE.

Il faut savoir pour cela :

PREMIÈREMENT.

Que les sphères sont en même raison que les cubes de leurs diamètres.

SECONDEMENT.

Que lorsque 4 lignes sont proportionnelles, le cube de la première est au cube de la seconde comme la première ligne est à la quatrième.

TROUVER DEUX MOYENNES PROPORTIONNELLES ENTRE X et Y.

X ——————

Y ——————

OPÉRATION.

Faites le carré $ABCD$, de AD et de AB, et menez les diagonales AC, BD.

Prolongez BA, et BC indéfiniment, puis posant une règle au point D, qui coupe BH et BF du centre F :

Faites la portion de cercle HGE, en sorte que le compas et la règle coupent ensemble BH en H, et BE en E.

Pour lors AH et CD seront moyennes, proportionnelles entre AD et AB, c'est-à-dire que :

AD est à AH :: CF. est à AB.

PREMIÈRE QUESTION.

TROUVER LES DIAMÈTRES DES BOULETS DE 2, DE 4, ETC., LA LIGNE AB ÉTANT SUPPOSÉE LE DIAMÈTRE D'UNE LIVRE.
Pl. 1, fig. 1.

Doublez AB pour avoir AD, puis faites le carré $ABCD$ de ces deux lignes. et opérant on trouve A D, A H, C E, A B, qui se suivent proportionnellement.

A B, est le diamètre du boulet d'une livre.

C E, sera celui de 2.

A H, celui de 4.

A D, celui de 8.

Et puisque les sphères sont entre elles comme les cubes de leurs diamètres, c'est-à-dire que A D étant double de A B, le cube de A D sera octuple du cube de A B, comme la sphère de A D sera aussi octuple de la sphère de A B, et si A B est le diamètre d'une livre. A D sera celui de 8 livres.

Et comme le cube de A B est au cube de C E, comme A B à A D.

Et que A B est moitié de A D, le cube de A B sera moitié du cube de C E, si A B est le diamètre d'une livre, C E le sera de 2.

A H sera le diamètre de 4 livres puisque ces 4 lignes sont proportionnelles, et le premier terme de la proportion étant 1, et le 4ᵉ 8, les deux moyens seront 2 et 4. A H est donc le diamètre d'un boulet de 4. (Pl. 1, fig. 4.)

QUESTION II.

TROUVER LE DIAMÈTRE D'UN BOULET DE 3.
Pl. 1, fig. 3.

Il faut trouver deux moyennes proportionnelles entre le diamètre d'une livre et son triple.

G F, diamètre d'une livre.

G H, sont triple.

I L, diamètre du boulet de 3.

QUESTION III.

TROUVER LE DIAMÈTRE DU BOULET DE 12.
Pl. 1, fig. 4.

Il faut chercher deux moyennes proportionnelles entre les diamètres de 3 et son quadruple.

A B, diamètre de 3.

B C, son quadruple.

D F, diamètre de 12.

QUESTION IV.

TROUVER LE DIAMÈTRE DE 16.

Il faut doubler le diamètre de 2.

QUESTION V.

TROUVER LE DIAMÈTRE DE 24.

Il faut doubler le diamètre de 3.

QUESTION VI.

TROUVER LE DIAMÈTRE DE 33.

Il faut chercher deux moyennes proportionnelles entre le boulet d'une ligne 33 fois plus grande, et la première moyenne proportionnelle sera le diamètre de 33.

QUESTION VII.

IL FAUT TROUVER LE BOULET DE 48.

Chercher le diamètre de 6 en trouvant 2 moyennes proportionnelles entre le diamètre d'une livre et son sextuple, ou entre le diamètre de 3 et son double, la première proportionnelle sera le diamètre de 6 dont le double est celui de 48.

RÈGLE GÉNÉRALE.

POUR TROUVER LE DIAMÈTRE DE TOUTE SORTE DE BOULETS.

Par exemple, de 10, il faut chercher deux moyennes proportionnelles entre le diamètre d'une livre et son décuple, la première proportionnelle sera le diamètre de 10.

On trouvera le diamètre de 15 en cherchant de même deux moyennes proportionnelles entre celui d'une livre et son quindécuple, et ainsi de tous les autres.

MANIÈRE DE TROUVER LES DIAMÈTRES DES BOULETS EN POUCES,
LIGNES ET POINTS, CONNAISSANT CELUI D'UNE LIVRE.

Le diamètre d'une livre est connu suivant la table de 22 lignes 8 points; réduisant tout en points, on aura 272 points dont le cube 20,123,648 sera encore des points mais cubes: maintenant si on veut le diamètre de deux livres il faut doubler le cube pour avoir 4,024,729 dont la racine cube est 28 lignes 6 points qui valent 2 pouces 4 lignes 6 points, diamètre du boulet de 2.

Si on eût voulu le diamètre d'un boulet de 8, de 24 ou de 48, il aurait fallu multiplier le cube d'une livre par 8, 24 ou 48, et extraire le RC du produit comme pour 2 livres.

NOMS DES PARTIES D'UNE PIÈCE DE CANON DE 24 [1].

A. CULASSE.

La culasse est la partie la plus épaisse, elle comprend le bouton et la lumière.

B. PLATE-BANDE DE LA CULASSE.

La plate-bande est une moulure de la culasse formant un cercle autour de la pièce, elle est plate et élevée au-dessus du métal et précédée de plusieurs moulures ou ornement d'architecture composé ordinairement :

1 Cordon.
1 Filet.
1 Gorge.
1 Filet.
1 Cordon.
1 Filet.

(1) Ce canon n'étant pas dans les figures avec les lettres dont il se sert ici, l'auteur a voulu sans doute désigner seulement l'ordre dans lequel se trouvent les différentes parties d'un canon

C. CHAMP DE LUMIÈRE.

D. ASTRAGALE DE LUMIÈRE.

Elle est composée de deux filets et d'un cordon au milieu.

E. PREMIER RENFORT.

Est la partie la plus grosse de la pièce de canon, qui a ordinairement deux renforts et une volée qui sont trois cônes tronqués.

Le premier renfort est compris entre l'astragale de lumière et la plate-bande qui le termine.

F. PLATE-BANDE OU MOULURE DU PREMIER RENFORT.

L'ornement du premier renfort est composé :
D'une plate-bande.
D'un filet.
D'une gorge.
D'un filet.
D'un cordon.
D'un filet.

G. DEUXIÈME RENFORT.

C'est le second cône tronqué qui commence à la moulure du premier renfort et finit à la plate-bande proche les tourillons.

H. ANSES.

Les anses sont placées vers les tourillons presqu'au milieu de la pièce, elles servent à passer un des leviers et cordages, ou crochets pour la remuer ou monter plus facilement.

I. TOURILLONS.

Ce sont des parties rondes et saillantes en forme de cylindre qui sont placées à côté de la pièce et qui servent à la soutenir sur l'affût pour la lever et baisser et dans lequel elles sont encastrées et retenues par-dessus d'une sus-bande chacun.

K. PLATE-BANDE ET MOULURES DU SECOND RENFORT.

Cet ornement est composé d'une plate-bande, d'un cordon et d'un filet.

L. CEINTURE ET ORNEMENT DE VOLÉE.

M. ASTRAGALE DE CEINTURE.

Il n'y a qu'un cordon et un filet.

N. VOLÉE.

C'est le troisième cône qui va toujours en diminuant ainsi que les renforts.

O. ASTRAGALE DE VOLÉE.

P... COLLET.

Q... BOURRELET.

Le bourrelet est composé d'un filet, d'une plate-bande, d'une gorge, d'une plate-bande, d'un filet, d'une demi-gorge. D'un filet, d'une demi-gorge et d'un filet qui termine la pièce.

S. L'AME.

Est marquée par de petits points ; c'est l'intérieur de la pièce et où l'on met la charge pour tirer.

PROPORTIONS DES PIÈCES.

Pl. 1, fig. 5.

—»→→)O((←—

Il faut diviser toute la longueur de la pièce **AB.** en sept parties égales dont deux pour le premier renfort **AC,** et une pour
le second renfort **CD,** le reste pour la volée **DB.**

On fera deux échelles: l'une du calibre de la pièce que l'on
divisera en 24 pour marquer les largeurs des moulures et leurs
saillies comme il est coté;

L'autre du calibre du boulet que l'on divisera en 16 pour
donner les épaisseurs depuis l'ame comme il est coté.

Les moulures en haut sont suivant une échelle double pour
les mieux connaître.

Le dessus du tourillon fait le milieu de l'ame.

DU BOUTON.

Après avoir fait le cercle **ABC** du calibre du boulet, porté
le rayon de **B** en **A** et de **B** en **C** et du centre **X,** mener indéfiniment **XA XC,** et comme **EF** est égal au diamètre chercher dans **XA** et **XC.** les centres des arcs **AE. CF.**

DE LA COQUILLE.

Elle est sur le champ de lumière et à environ 2/3 du calibre de la pièce dans laquelle est percée la lumière obliquement.

DES ANSES.

Les anses sont sur le second renfort, elles ont à la tête 1/2 calibre et 1/4 à la queue.

DES TOURILLONS.

Les tourillons sont à la fin du second renfort, proche la plate-bande.

DES PETITES CHAMBRES.

Les pièces de 33, 24 et 16 ont des petites chambres au fond de l'ame où la lumière répond ; elles ont de diamètre et de profondeur 1/3 du calibre.

Les pièces de 8 et de 4 n'en ont point.

DES MOULES.

On couvre le trousseau de natte et ensuite de terre préparée.

Quand le moule est formé avec ses tourillons et ses anses, ornements, armes et devises, on forme la chappe que l'on cercle de fer.

Le moule de la culasse se fait séparément, on le pose dans la fosse et on y attache le chapelet, et enfin on y pose le moule dessus.

DU CHAPELET.

Le chapelet est de fer, il est composé de 3 branches qui se réunissent au centre où il y a une pointe qui se trouve dans le centre de l'âme et qui entre dans le noyau pour le contenir.

DU NOYAU.

Le noyau est une grande barre de fer ronde, plus petite que l'âme pour recevoir de la cendre préparée.

DU CHOIX DES PIÈCES.

Ce sont les cylindriques comme celles-ci auxquelles on doit s'arrêter, toutes les autres en général, ayant beaucoup de défauts, ceux des pièces ordinaires ne viennent souvent que de la mauvaise fonte ; ou que les boulets n'étant pas de calibre, tourmentent la volée. C'est pourquoi on doit s'attacher à ne point recevoir des boulets dans les forges qu'ils ne soient bien de calibre et bien ébarbés.

CORRECTION DES PIÈCES.

A Douai, en 1707 on raccourcit les pièces pour les charger à la volée; mais comme elles entrent moins dans les embrasures et qu'elles détruisent les joues plus qu'auparavant, on a négligé cette correction.

Les bourrelets en tulipe paraissent les meilleurs, parce qu'ils déchirent moins l'embrasure que les autres.

DES PIÈCES CONCAVES.

Ces pièces ne sont plus guère d'usage, ou pour ne pas dire point du tout, à cause de la difficulté de les écouvillonner et de leur légèreté.

DES PIÈCES POIRES.

Elles ne sont pas d'un meilleur usage.

DES PIÈCES CÔNES.

Ce n'est pas une invention nouvelle : mais comme on est

obligé d'avoir des lanternes en cône on a abandonné ces sortes
de pièces

DES PIÈCES A TROIS COUPS.

Cette invention n'est pas nouvelle, et on a reconnu qu'elle
ne valait rien.

DES PIÈCES DE FER BATTU.

Elles ont tant d'inconvénients joints à la rouille qu'on n'y
pense plus.

DES PIÈCES DE FER DE 12 POUCES DE LONG A CÔNE RENVERSÉ.

On travaille actuellement à de pareilles pièces : on croit
fort qu'elles ne seront pas d'usage.

DES PIÈCES DE FONTE DE 24, DE 2 PIEDS DE LONG A CHAMBRE CONCAVE.

On en a coulé à Rochefort de cette sorte, qui, sans doute,
ne serviront pas plus que les autres.

DE L'ALLIAGE.

Le fondeur fond la vieille matière dans un creuset, la bat
à froid pour voir si elle ne se sépare pas sous le marteau, en
examine la casse et le grain, ce qui fait connaître ce qu'il faut
ajouter pour remédier à la mauvaise qualité des vieilles matières

DU CUIVRE JAUNE.

On ne doit jamais employer du cuivre jaune, mitraille ni
ustensiles de cuivre, qui ont servi au feu, à cause de la mauvaise qualité de ces matières.

DE LA FONTE VERTE.

Les pièces de fonte du temps d'Henri II et Charles IX ont

beaucoup plus de verdet, et lorsqu'on les a sciées, elles sont plus rouges et plus vives que celles d'aujourd'hui, ce qui marque la calamine dont on verra les essais ci-après.

EXTRAIT D'UNE LETTRE AU SUJET DE L'ALLIAGE.

MAXIME PREMIÈRE.

Que les canons doivent être construits de cuivre jaune sans mélange.

Qu'il ne faut que de la rosette et de l'étain fin d'Angleterre pour faire un bon alliage.

DE LA ROSETTE.

Celles { de Suède / de Hongrie } sont bonnes.

Celle qui est en plaque est la meilleure, mais elle est rare.

Celle de Lorraine, en plaques ovales, est très bonne.

Celle de Sainte-Marie-aux-Mines ne vaut rien pour les canons, on ne s'en sert que pour les ustensiles, comme lampes, chandeliers, etc.

Tout le cuivre de couleur jaune dont on se sert pour les ouvrages en cuivre de ménage ne vaut rien pour l'artillerie, parce qu'il entre dans l'alliage 25 ou 30 livres de calamine par cent, ce qui rend le cuivre mou, et les lumières en seraient bientôt évasées.

DU BON ALLIAGE.

100 livres de rosette ;

12 livres d'étain fin d'Angleterre, le tout bien fondu et coulé à propos, fera de bons canons.

PURIFICATION DES VIEILLES ET MAUVAISES MATIÈRES.

Quand on refond de vieilles matières, la plupart de cuivre

jaune et blanchâtre, il faudra mettre moitié de ces matières et moitié de bonne rosette avec de l'étain.

Mais si ces vieilles matières avaient été alliées avec plus de 12 livres d'étain, il ne faudrait pas en mettre davantage.

DES LUMIÈRES FONDUES SÉPARÉMENT.

On ne croit pas qu'elles soient d'un autre alliage, mais elles sont forgées au marteau pour être plus comprimées.

ÉPREUVE DES PIÈCES.

Après que les pièces sont hors de leurs moules, on les décrotte.

On les alèse (Pl. 6).

On les visite avec une bougie allumée pour découvrir les chambres, s'il y en a. (Pl. 7) ;

Si les pièces sont bien coulées ;

Si elles sont dans toutes leurs proportions ;

Si l'ame est bien dans le centre ;

Si les épaisseurs sont partout égales ;

Si le calibre est juste.

CHAMP D'ÉPREUVE.
Pl. 7.

La pièce, bien conditionnée, on la voiture au champ d'épreuve, on la pose sur des chantiers, la volée haute, et on la charge comme il suit

CHARGE DE LA PIÈCE.

Deux coups à la moitié de la pesanteur du boulet ;

Le troisième aux deux tiers ;

La poudre refoulée de 12 coups sur son bouchon et 8 sur celui du boulet.

DE L'EAU.

Après ces trois coups, on verse de l'eau dans la pièce, tant pour la bien nettoyer que pour connaître si la pièce n'est pas éventée.

On presse l'eau avec un écouvillon bien garni, bouchant la lumière avec un fosset.

DU CHAT.

Pl. 7.

La pièce, bien lavée et bien séchée, on introduit dedans un chat à trois pointes, avec lequel on gratte partout.

Si le chat arrête, on marque la hampe, et on retire le chat par le moyen d'un anneau et d'une autre hampe.

DU CHAT A TERRE.

C'est une pointe au milieu d'une plaque de fer au bout d'une douille et d'une hampe.

On met de la terre grasse sur cette plaque, ou de la cire préparée jusqu'à la pointe, et cherchant la chambre avec cette pointe, on appuie, ce qui refoule la terre ou la cire, et fait connaître la profondeur des chambres.

DES CHAMBRES.

Si elles passent trois lignes de profondeur dans le premier renfort, on rebute la pièce.

On continue de visiter en revenant à la volée, pour connaitre si le boulet n'a point fait quelque cavité considérable.

S'il n'a fait que marquer, ce n'est rien, mais si le coup est enfoncé, on rebute la pièce.

DES PIÈCES REBUTÉES.

Quand la pièce est rebutée, on fait casser une anse, pour faire connaitre qu'il la faut refondre.

DES BONNES PIÈCES.

Quand les pièces sont bonnes, on les termine ; après quoi

on les pèse ; l'on marque le poids sur le tourillon du côté
droit et le numéro sur le tourillon gauche, après on grave
où elle a été coulée et par qui, et on la reçoit pour le roi.

DES GRAINS POUR LES LUMIÈRES.

Lorsque les pièces ont leurs lumières évasées, et que d'ailleurs elles sont bonnes :
On commence par tarauder la lumière ;
On rempli l'ame de terre, qu'on refoule bien ;
On fait ensuite chauffer la pièce proche les fourneaux,
après quoi on coule du métal dans la partie taraudée, que l'on
répare et que l'on perce pour servir de lumière.

DES ARMES DES PIÈCES.

Pl. 7, fig. 1.

Elles consistent en :
Une lanterne ;
Un écouvillon ;
Un refouloir ;
Des dégorgeoirs ;
Coins de mire ;
Leviers ;
Boutefeux ;
Tire-bourres.

DE LA LANTERNE OU CUILLÈRE.

Elle est composée d'une hampe et d'une boîte de bois d'orme, la hampe de bois de frène.
La boîte a de longueur un calibre et demi, et du diamètre
du boulet, tournée, elle a une virolle de cuivre attachée avec
des clous de cuivre, de la largeur d'un demi-calibre.
La lanterne a 3 trois calibres et demi de long, deux de largeur et arrondie par le bout devant ; elle contient environ un
tiers de la pesanteur du boulet.

POIDS DES LANTERNES.

Pl. 8, fig. 1 et 2

De 24 . . . .   6 livres.
De 16   4
De 12   3
De 8   2
De 4   1

DE LA HAMPE.

En frêne où hêtre, d'un pouce et 1/2 de diamètre; ayant
12 pieds de longueur pour 24 sur 16; 10 pieds pour 12, et
6 à 8 pieds pour les calibres inférieurs.

DU REFOULOIR.

Le refouloir a une boîte comme celle de la lanterne, avec
une virolle de cuivre montée sur une hampe.

DE L'ÉCOUVILLON.

Est une boite aussi de bois d'orme, d'un calibre 1/2,
et de 3 lignes moins que le calibre du boulet, pour loger la
peau de mouton passée à l'alun, montée sur une hampe.

DE LA MONTURE DES BOITES.

Toutes les boîtes sont percées environ de 2 pouces 1/2 pour
recevoir la hampe, traversée par une cheville pour empêcher
qu'elle ne sorte.

DU TIRE-BOURRE.

Le tire-bourre est de fer, monté sur une hampe, les gros
pèsent 4 livres et les petits 2 livres, compris la douille percée
de deux trous pour clouer la hampe.

LE BOUTE-FEU.

Est un morceau de branche de bois fendu pour entortiller la mèche allumée par les deux bouts.

DÉGORGEOIR.

Est un gros fil de fer pour enfoncer dans les lumières : ce que l'on appelle dégorger ; on en fait en tarrière ; ils ont ordinairement 12 pouces de long. C'est la lumière qui détermine leur grosseur qui peut être de 2 lignes.

DES COINS DE MIRE.

De toutes sortes de bois, ayant 12 à 15 pouces, par la tête venant à 1 ou 2 pouces ; ils ont une petite entaille de chaque côté de la tête pour les remuer plus facilement.

DES LEVIERS.

De frêne, de chêneau ou d'orme, de 6 à 7 pieds de long.

DES FRONTEAUX DE MIRE.

De chêne de 4 pouces d'épaisseur.

DU CHAPITEAU.

Pour couvrir la lumière des pièces.

MANIÈRE DE PRENDRE LES PROPORTIONS DES PIÈCES POUR LA CONSTRUCTION D'UN AFFUT.

Il faut prendre le diamètre A de la plate-bande de la culasse avec un compas courbe, ou deux plombs :

Le diamètre A B derrière les tourillons ;

Le diamètre G H des tourillons, parce qu'ils sont quelquefois plus gros ou plus petits que la règle. particulièrement aux pièces étrangères ;

Et enfin la longueur E F depuis la plate-bande de la culasse, jusque derrière les tourillons. (Pl. 8. fig. 4.)

TABLE DES PROPORTIONS DE DIFFÉRENTES PIÈCES POUR SERVIR A LA CONSTRUCTION DES AFFUTS.

Pour faire voir comme on doit envoyer ces proportions d'une place à une autre, quoique cette table soit faite sur les pièces. il sera toujours bon de la réparer.

PIÈCES ORDINAIRES.

PIÈCES.	DIAMÈTRE DE la culasse.		DIAMÈTRE DERRIÈRE les tourillons.		DIAMÈTRE DES tourillons.		LONGUEUR DEPUIS la plate-bande DE LA CULASSE jusque derrière les tourillons.	
	POUCES.	LIGN.	POUCES	LIGN.	POUCES.	LIGN.	PIEDS.	POUC.
33	19	»	15	»	6	3	3	10
24	18	»	14	»	5	8	3	10
16	16	»	12	6	4	11	3	10
12	14	»	11	6	4	6	3	10
8	12	»	10	»	3	11	3	4
4	10	»	8	»	3	1 ½	3	1

PIÈCES FONDUES EN 1707.

PIÈCES.	DIAMÈTRE DE la culasse.		DIAMÈTRE DERRIÈRE les tourillons.		DIAMÈTRE DES tourillons.		LONGUEUR depuis la plate-bande de LA CULASSE derrière jusque les tourillons.	
	POUCES.	LIGN.	POUCES.	LIGN.	POUCES.	LIGN.	PIEDS.	POUC.
24	18	¼	15	½	5	8	3	3
16	16	½	13	»	4	11	3	8
12	14	½	12	»	4	6	3	6
8	13	½	10	½	3	7	3	»
4	10	½	8	½	3	1 ½	2	5
2	8	½	6	»	2	5	1	8

PIÈCES FONDUES EN 1713.

PIÈCES.	POUCES.	LIGN.	POUCES.	LIGN.	POUCES.	LIGN.	PIEDS.	POUC.
24	18	3	15	3	5	5	3	9 4
16	16	2	13	»	4	8	3	8 3
12	15	»	11	»	4	»	3	5 7
8	12	10	10	9	3	7	3	2
4	9	9	8	5	3	1 ½	2	7 ½

PIÈCES CONCAVES OU A L'ESPAGNOLE.

PIÈCES.	POUCES.	LIGN.	POUCES.	LIGN.	POUCES.	LIGN.	PIEDS.	POUC.
24	18	6	17	»	5	8	23	7
16	16	5	15	2	4	11	22	6
12	15	3	13	8	4	6	20	6
8	12	»	11	6	3	11	18	6
4	9	10	8	9	3	1 ½	16	6

DES BOIS EN USAGE DANS L'ARTILLERIE.

Pl. 10.

Les bois d'orme et de chêne.

La coupe la meilleure est au mois de décembre, au déclin de la lune.

DES FLASQUES.

Pl. 12.

Toujours d'orme; on s'en est pourtant servi de chêne, mais ils sont plus lourds; on en a fait aussi de noyer qui est bon, il faut qu'ils soient sans nœuds, de franc bois et sans flache.

PROPORTIONS DES FLASQUES.

Pl. 12.

PIÈCES.	LONGUEUR.	ÉPAISSEUR.	HAUTEUR.
33	15	6	22 à 23
24	14	$5\frac{1}{2}$	20
16	13	5	20
12	$12\frac{1}{2}$	4	19 à 20
8	11	4	18 à 19
4	$10\frac{1}{2}$	$3\frac{1}{2}$	17 à 18

S'ils se trouvent des arbres qui naturellement soient cintrés, on les fera couper de façon que l'on puisse profiter du cintre; dans lequel cas il ne faudra pas qu'ils soient si larges.

DES ENTRETOISES.

De couche, de mire et de volée : ce sont des madriers de 8 pouces de large et 6 pouces d'épaisseur.

Celle de lunette, d'orme ou de chêne, d'un madrier de la largeur, de la hauteur de la tête de l'affût et de 6 pouces d'épais. En général, les entretoises de lunette seront des mêmes dimensions que les flasques.

DES ROUAGES, MOYEUX.

Pl. 9, fig. 1.

Les moyeux d'orme employés vert; si on en fait provision on les garde dans leurs écorces ou dans l'eau.

PROPORTIONS DES MOYEUX EN GRUME.	DIAMÈTRE.	LONGUEUR.
33	19 à 20	23 à 24
24	19 à 20	23
12	16 à 17	21 à 22
8	15 à 16	19 à 20
4	14 à 15	18 à 19
Pour baquet	15 à 16	19 à 20
De derrière à porter corps. . .	15 à 16	19 à 20
De charrette.	14 à 15	18 à 19
D'avant-train	9 à 10	16 à 17

DES JANTES.

Toujours d'orme, leurs longueurs pour les rouages d'affût,
charrettes, charriot et haquet seront toujours les mêmes, à
moins que ce ne soit pour les affûts à bas rouages, ce que le
diamètre des rouages déterminera.

PROPORTIONS DES JANTES.

	LONGUEUR.	LARGEUR.	ÉPAISSEUR.
	Pieds.	Pouces.	Pouces.
33 ⎫ 24 ⎭	2 8	7	4 $\frac{1}{2}$
16 ⎫ 12 ⎭	2 8	6 $\frac{1}{2}$	4 $\frac{1}{2}$
8	2 8	5 $\frac{1}{2}$	3
4 ⎫ Charrette Charriot à ponton, et haquets ⎭	2 8	7	4

Celles d'affûts et charrettes cintrées de 4 pouces, et celle des
haquets de 6.

| D'avant-train. | 2 | 4 $\frac{1}{2}$ | 3 $\frac{1}{2}$ |

Cintrées de 6 pouces.

DES RAYES.

De chêne, de la même longueur pour les affûts, charrettes,

caissons, haquets et charriots ; coupés brutes pour que dans les rognures on puisse faire des goujons.

PROPORTIONS DES RAYES.

	LONGUEUR.	DE GROS.
De 33 et 24.	3 pieds	6 pouc.
De 16 et 12.	3	5
De 8 de 4 charrettes, charriots et haquets }	3	4 ½
D'avant-train.	1 10	3 à 4

Tous lesquels rayes seront de franc bois.

DES ESSIEUX.

Pl. 9, fig. 2.

	LONGUEUR.	DIAMÈTRE.
De 33 24 et 16	7 pieds	10 à 11
De 12 et 8	7	9
De 4.	7	7
D'haquet cintré de 2.	7 ½	7
Charriot à canon	7	9
D'avant-train.	6 8	6

On se sert ordinairement d'essieux de fer pour les charriots.

Les essieux doivent toujours être d'orme ; on en a fait de chène vert dont l'usage s'est trouvé bon.

LIMONIERE.

Pl. 9, fig. 3.

D'avant-train de chèneau ou d'orme, 8 pieds de long. 4 pouces 1/2 de diamètre cintrée, et si elle ne l'est pas, 7 à 8 pouces de diamètre.

Sellette d'avant-train de madrier d'orme, de 15 pouces de large sur 5 pouces d'épais. (Pl. 9.)

Flèche à charriot, à canon, de bois d'orme ou frêne, 12 pieds de long, 6 à 7 pouces de diamètre. (Pl. 9.)

Empanons d'orme en frêne, 4 pieds et 1/2 de long, 5 pouces s'ils sont cintrés, mais 9 à 10 pouces s'ils ne le sont pas. (Pl. 9.)

Armons d'orme, 6 pieds de long 5 sur 7, pour peu qu'ils soient cintrées. (Pl. 9.)

Brancards d'haquets d'orme, 18 pieds de long, 6 pouces sur 3 1/2. (Pl. 9.)

Brancards à porter corps de chêne, 11 pieds 1/2 de long, et de 5 pouces d'épais d'équarrissage. (Pl. 9.)

Bois pour entretoises de lunette, 3 pieds 4 pouces de long, 6 pouces d'épais et 16 à 17 pouces de large.

Les échantignoles, 7 pieds de long, 3 pouces 1/2 d'épais, 6 pouces de large.

Bois pour supports d'orme, 6 pieds de long, 4 pouces d'épais, 7 de hauteur. (Pl. 9. fig. 4.)

Plats-bords des pontons d'orme, 18 pieds de long, 3 pouces d'épais, 4 pouces de large. (P. 9.)

Avant-bouts d'orme, 5 pieds de long, 3 pouces d'épais, 5 à 6 pouces de large. (Pl. 9.)

Les courbes d'orme, 2 pouces 3/4 de large, 2 pouces d'épais; il sera bon de faire débiter les madriers pour les courbes et les plats-bords de leur épaisseur et les prendre dedans quand on en aura, afin d'empêcher qu'ils ne se déjettent. (Pl. 9.)

Madriers de pontons de sapin, de 2 pouces d'épais, 12 pieds de long et 1 de large. (Pl. 9.)

Les poutrelles de sapin, de 16 pieds 3 pouces de long et 4 pouces de large, et de 3 pouces 1/2 d'épais.

Les limons de charrette de brin de chêne. de 18 pieds de long sur 6 à 7 de diamètre: on en fait aussi de hêtre.

Les burettes pour pontons, 12 pieds de long, 1 pouce d'épais. 3 pouces 1/2 de large. (Pl. 9.)

Les ridelles 13 pieds de long. 2 pouces d'épais. 2 pouces 1/2 de large. (Pl. 9.)

Les roulons, 14 pouces de long et 1 pouce en carré, de frêne. (Pl. 9.)

Les épars de chêne que l'on prend de celui des rayes. (Pl. 9.)

Les échantignoles de charrettes de chêne. 3 pieds de long. 3 à 4 pouces d'épais. 6 pouces de large (Pl. 9.)

DES PLATES-FORMES A CANONS.
Pl. 10, fig. 1.

Les lambourdes, 14 pieds de long sur 4 pouces d'équarrissage.

Le heurtoir, 9 pieds de long sur 7 à 8 pouces d'équarrissage.

Les madriers, 1 pied de large, 2 pouces d'épais, depuis 9 pieds jusqu'à 15, en diminuant de 6 pouces par madrier, ce qui fait 14 madriers par plate-forme; le tout de chêne.

PLATE-FORME DE MORTIER.
Pl. 9, fig. 5.

Les lambourdes ou madrier de chêne. 7 pieds de long, 9 pouces d'équarrissage.

POUR LES MINEURS.

Des planches d'un pouce et des poutrelles de 4 sur 3 pouces, le tout pour être coupé selon qu'il est besoin.

DU FER.

Le fer difficile à casser à froid est de couleur de plomb à la casse, et est le meilleur, mais celui qui est argenté est aigre.

Le fer de Berry est des meilleurs, aussi bien que celui d'Espagne.

Le fer des forges près Charleroy est bon.

Le fer de Champagne et de Lorraine est pour l'ordinaire cassant.

TABLE OU LES FERS SONT SUIVANT LEURS PROPORTIONS.

————o c————

FER.

Pour contre-heurtoirs, susbandes, étriers, crochets de retraite, lunettes, contre-rivure et boîtes de fer d'affûts, largeur . . . .

Épaisseur . . . .

Pour heurtoir, largeur . . . .

Épaisseur . . . .

Pour tête de chevilles à tête de diamant et à tête plate, largeur . . . . .

Épaisseur . . . .

Pour tige de chevilles, de heurtoirs, crochets de retraites, boulons et anneaux d'emballages en carré pour le faire rond . . . .

Pour équignons en carré . . . .

Pour bouts d'affûts et liens de flasque, largeur . . . .

Épaisseur . . . .

Pour frette . . . { Largeur . . . . , ...

                { Épaisseur . . . .

Cordons et liens doubles et simples . . { Largeur . . . .

                                    { Épaisseur . . . .

Bandes de roues . . . { Largeur . . . .

                    { Épaisseur . . . .

Pour chevilles de liens . . . .

24		16		12		8		4	
3	6	3	3	3	»	2	6	2	»
»	6	»	6	»	5	»	5	»	5
3	6	3	3	3	»	2	3	2	»
1	6	1	5	1	4	1	2	1	»
3	6	3	»	2	9	2	3	2	»
1	»	1	»	1	»	1	»	1	»
1	3	1	2	1	1	1	»	11	11
1	6	1	3	1	2	1	»	»	11
3	6	2	3	2	1	2	»	2	»
»	3	»	3	»	3	»	3	»	3
2	3	2	2	2	1	2	»	2	»
»	6	»	6	»	6	»	6	»	5
1	6	1	6	1	6	1	3	1	»
»	6	»	6	»	6	»	5	»	4
3	3	3	3	3	»	2	3	2	3
»	6	»	6	»	6	»	6	»	5
Gros		2ᵉ		2ᵉ		3ᵉ		3ᵉ	
Versillon		Versillon		Versillon		Versillon		Versillon	

FER.

Pour bandes de roues, boîtes, seyes et joues, largeur . . . .

Épaisseur . . . .

Pour liens de bandes, frettes et cordons, largeur . . . . · . . .

Épaisseur . . . .

Pour équignons en carré . . . .

Pour chevilles ouvrières en carré . . . .

Pour boulon de limonière en carré . . . .

Pour liens d'empanons, largeur . . . .

Épaisseur . . . .

Pour bandes de roues, frettes, boîtes, plaques de sellettes, étriers et
joues, largeur . . . .

Épaisseur . . . .

Bandes de roues. . . . . . ⎰ Largeur . . . .
                 ⎱ Épaisseur. . . . .

Susbandes de mortiers. . . de 12 ⎰ Largeur . . . .
                          ⎱ Épaisseur. . . . .

                       de 8 ⎰ Largeur . . . .
                          ⎱ Épaisseur. . . . .

CHARRIOTS à porter corps.		AVANT-TRAINS		CHARRETTES		TRIQ. - BALLE		PONTONS.		AFFUTS à mortier.	
2	3	»	»	»	»	»	»	»	»	»	»
»	6	»	»	»	»	»	»	»	»	»	»
2	»	»	»	»	»	»	»	»	»	»	»
»	5	»	»	»	»	»	»	»	»	»	»
1	3	1	»	»	»	»	»	»	»	»	»
2	»	2	»	»	»	»	»	»	»	»	»
1	»	»	»	»	»	»	»	»	»	»	»
2	»	»	»	»	»	»	»	»	»	»	»
»	5	»	»	»	»	»	»	»	»	»	»
»	»	2	»	»	»	»	»	»	»	»	»
»	»	»	5	»	»	»	»	»	»	»	»
»	»	»	»	2	3	3	»	2	3	»	»
»	»	»	»	»	6	»	6	»	5	»	»
»	»	»	»	»	»	»	»	»	»	3	6
»	»	»	»	»	»	»	»	»	»	1	»
»	»	»	»	»	»	»	»	»	»	3	3
»	»	»	»	»	»	»	»	»	»	»	10

TABLE

Pour connaître la quantité de fer qu'il faut pour chaque affût.

La première colonne contient les largeurs des fers.
La seconde contient les épaisseurs.
Les autres colonnes contiennent le poids de fer qui entre sur les affûts selon leurs calibres.

PROPORTIONS DES FERS.		24	16	12	8	4	CHARRIOT.	AVANT-TRAIN	AFFÛT à mortier.	Bandes de roues		
Pouces.	Lig.									Charriot.	Triq.-bal.	Poulons.
Larg.	18	40										
	17	»	40									
3 ½	12	40										
	6	350	»	»	»	»	»	»	»	»	180	
	3	70										
3 ¼	10	»										
	6	220	490									
3. . .	16	»	»	40								
	12	»	40									
	6	»	»	180								
	5	»	»	250								
2 ¼	12	»	»	40								
	3	»	50									
2 ½	6	»	»	»	200	»	500	⟩				
	5	»	»	»	»	140						
2 ¼ à ¼	6	»	»	»	150	»	»	»	»	130		
2 ½	14	»	»	»	25							
	12	»	»	»	40							
	6	60										
	5	»	»	»	»	»	»	»	»	»	»	160
A Reporter.		780	620	510	415	140	500	»	»	130	480	160

PROPORTIONS DES FERS.		24	16	12	8	4	CHARIOT.	AVANT-TRAIN.	AFFUT à mortier.	Bandes de roues — Charriot.	Trinq. hal.	Pontons.
Report. . .		780	620	510	415	140	500			130	180	160
2 2	6	»	50									
2 1	6	»	»	50	40							
2 1	3	»	»	40								
	14	»	»	»	»	20						
	12	»	»	»	»	50						
2 . . .	5	»	»	»	»	220	200	250				
	3	»	»	ß	40	30	»	50				
	1											
	6	200	150	150								
	5	»	»	»	80							
FER CARRÉ.	4											
	3	»	»	»	»	»	80					
	1	»	»	»	»	»	20					
	6	70										
	4	»	70	»	»	60						
	3	»	»	»	»	»	100					
	302	270										
	2	»	270	60	50							
	1	ß	»	200								
	»	»	»	»	160	40	10	50				
	11	»	»	»	»	140						
9. Versillon.		70										
2. Versillon.		»	70	60								
3. Versillon.		»	»	»	50	50						
TOTAL. . .		1390	1230	1070	835	750	940	350		130	180	160

PROPORTIONS DES AFFUTS.

	33		24		16		12		8		4	
Longueur des flasques.	14	»	14	»	13	6	13	»	12	6	12	»
Épaisseur	»	6	»	5¾	»	5	»	4	»	4	»	3½
Hauteur de la tête . . .	1	6	1	4	1	3	1	2	1	1	1	»
Hauteur au centre. . .	1	4	1	2	1	1	1	»	»	10	»	10
Hauteur à la crosse. . .	1	2	1	»	»	11	»	10	»	9	»	8
Hauteur des madriers.	1	11	1	9	1	8	1	7	1	6	1	5

VOIE.

Voie est l'intervalle qui se trouve entre le dehors des deux
roues d'un charroi.

La différente largeur des chemins règle la voie des charrois.

La voie en Flandre, est de	4 pieds	6
Celle d'Allemagne	4	
Celle du Roussillon	3	9
Celle de Guyenne et de Bayonne. . . .	4	

C'est donc la voie qui règle la longueur des essieux.

DES ESSIEUX.

Toujours de bois d'orme; ces parties sont, le corps de l'essieu, les deux fusées, les épaulements et les entailles.

PROPORTIONS DES ESSIEUX.

	LONGUEUR				HAUTEUR.		LARGEUR.	
	DE L'ESSIEU.		DU CORPS.					
De 33	7	2	2	6	»	10	»	8 $\frac{1}{2}$
De 24	7	2	2	4	»	9	»	7 $\frac{1}{2}$
De 16	7	2	2	2	»	8	»	6 $\frac{1}{2}$
De 12	6	10	2	»	»	7	»	5 $\frac{1}{2}$
De 8	6	10	1	10	»	6	»	4 $\frac{1}{2}$
De 4	6	10	1	8	»	5	»	4

Quand on pose l'essieu aux affûts, on fait une entaille à l'un et à l'autre, obliquement de la profondeur de l'épaulement de l'essieu, ce qui se fait aux affûts de 33, 24 et 16. Mais à ceux de 8 et de 4, l'entaille se fait carrément.

LES BOITES ONT DE DIAMÈTRE

	33	24	16	12	8	4
Contre l'essieu	8	7 $\frac{1}{2}$	7	6 $\frac{1}{2}$	6	5 $\frac{1}{2}$
Au bout du moyeu.	6	5 $\frac{1}{2}$	5	4 $\frac{1}{2}$	4	3 $\frac{1}{2}$

PROPORTIONS DES ROUES.

DU MOYEU, page 42.

Longueur . . . .

Diamètres { Au bouge . . . .

Au gros bout. . . . .

Au petit bout. . . . .

MORTAISES.
Pl. 9.

COMMENÇANT AU MILIEU ALLANT VERS LE GROS BOUT.

Longueur . . . .

Largeur . . . .

DES RAYES.
Pl. 9.

De face . . . .

La patte longue de l'épaisseur du moyeu . . . .

La broche longue de la hauteur des jantes . . . .

DES JANTES.
Pl. 9.

Longueur . . . .

Épaisseur . . . .

Il faut 6 goujons et 6 chevilles.

Pour faire une bonne roue on dit qu'il faut moyeux de trois jours, jantes de six mois et rayes de trois ans.

33	24	16	12	8	4
Pouces.	Pouces.	Pouces.	Pouces.	Pouces.	Pouces.
24	22	20	18	15	15
19	18	17	16	15	14
16	15	14	13	12	11
14	13	12	11	10	9
4 6	4 3	4	3 9	3 6	3 3
4 6	4 3	4	3 9	3 6	3 3
29	29	29	29	29	29
4 6	4 2	3 10	3 6	3 2	2 10

UNE ROUE EST COMPOSÉE :

Jantes   6
Rayes   12
Moyeux   1
Goujons   6
Chevilles   6
Coins   12

Diamètre des roues de campagne, 4 pieds 10 pouces.

DU TRAIT DES FLASQUES.

Pl. 2, fig. 1.

Faites le parallélogramme **ABCD**, qui représente ici un madrier de 24, c'est-à-dire que sa longueur **AD** est de 14 pieds, et sa hauteur **CD** de 21 pouces. Prenez sur **CD, CE**, la hauteur (page 54) de la tête, puis faites **EF** égale à trois grandeurs, savoir : à **CE** à la distance de la plate-bande de la culasse au derrière des tourillons (Pl. 8, fig. 4), et à deux calibres. Élevez **FG** perpendiculairement à **EF**, et égal à ce que doit avoir l'affût au cintre, qui est 2 pouces moins que la tête **CE** (p. 54), et menez **GC**.

Prenez **EH** égal à **EC**, et élevez la perpendiculaire **H2**. Sur **GC**, faites **2, 1**, égal au diamètre du dedans de la boîte contre l'essieu (p. 55). Faites **2L** de la hauteur de l'essieu (p. 55), et achevez le profil de l'essieu, en donnant sa largeur à **LM** et parallélogramme **MI** sera l'épaulement; coupez ce profil en deux également par **NO**; prenez **OP** égal à la moitié de **K2**, et **P** sera le centre de la roue duquel on fera l'arc **Q**, qui aura pour rayon le demi-diamètre de la roue (p. 58). Faites le parallélogramme **RSTV**, qui aura pour longueur **RS**, égal à la tête **CE**, et pour hauteur **VR**, égal à la hauteur de la crosse **Pa**. Ce parallélogramme se fera de planche mince ou de carton.

Il faudra poser ce panneau sur le madrier en v, r, s, t, de manière que l'angle u soit toujours sur **AB**, et l'angle t toujours sur **BC**, de façon que le côté u, t, convienne avec une règle u, q, toujours tangente à l'arc **Q**. Alors la crosse sera placée et l'affût fait, en tirant les lignes ur, ut, rs, S F et t G.

Si on veut la crosse ronde, on fera le triangle équilatéral u, x, t, et posant le panneau, on fera en sorte que l'arc du panneau touche la règle ou cordeau u, q, et que u, t. lui soit parallèle.

DES ENTRETOISES.

L'entretoise de volée 3, est de l'épaisseur du flasque, et a pour largeur la moitié de la tête EC. Elle est placée à un calibre de la tête et à un pouce de bas du flasque; plus elle est près de l'essieu et plus la pièce plonge facilement.

L'entretoise de mire 5, commence à la ligne FG. épaisse comme le flasque, longue de la moitié de la tête EC.

L'entretoise de couche a les mêmes proportions. mais son milieu 4, répond sous la plate-bande de la culasse.

Ces deux entretoises sont placées à 2 pouces du bas de l'affût.

Quand il se trouve de la distance entre ces deux entretoise s. on y met une petite semelle 6.

LONGUEUR DES ENTRETOISES.

Il faut, pour trouver la longueur des entretoises. tracer le plan de l'affût en grand, comme on va le dire.

L'entretoise de lunette 8, a pour longueur la tête CE . est d'un calibre de pays.

Pour tracer l'entretoise de couche, il faut avoir l'arc Y 4 que l'on trouvera en faisant l'entaille du tourillon H 9 du diamètre du tourillon et prenant le parallèle 10-11 au-dessous de H 9 de 1/6 du calibre au milieu de laquelle le point 12 sera le centre du tourillon qui le sera aussi de l'arc Y 4. et qui déterminera le milieu de l'entretoise de couche.

DU PLAN D'UN AFFUT POUR TROUVER LA LONGUEUR DES ENTRETOISES.
Pl. 2, fig. 2.

Menez la ligne AB, qui sera le milieu de l'affût; prenez CB, de 14 pieds, pour la longueur de l'affût de 24. (P. 54).

Aux points C et B , élevez des perpendiculaires GCE et EBD.

Prenez BL de la hauteur de la tête (p. 54). et en L. Élevez la perpendiculaire HLI.

Prenez LM, égal à la distance du derrière, les tourillons à la plate-bande de la culasse, et élevez la perpendiculaire OMN.

Prenez sur IH, LP, LK, chacune égale aux deux diamètres des tourillons de la pièce. (Pl. 8. fig. 4).

Prenez sur ON, MQ, MR, chacune égale au demi-diamètre de la plate-bande de la culasse. (Pl. 1re, fig. 5.)

Menez par RP et par QK les lignes TRPS et VQKX, qui marqueront le trait intérieur des flasques ; prenez ensuite VF, TG, XD, SE, de l'épaisseur des flasques (p. 54), et menez FD et GD, qui marqueront le trait extérieur des flasques.

Placez l'entretoise de volée 3 à un calibre de la tête DE.

Placez l'essieu sur IH, faisant 14 H5, de la longueur de l'essieu Pa, diminuant 1, 4 et 5 H aux bouts des fusées 6, 7, 8, 9 du diamètre de la boîte du petit bout du moyeu.

Placez l'entretoise de couche M, de sorte que NQ la partage en deux également.

ZY est éloigné de la tête DE d'une distance composée de la hauteur de la tête, de la distance du derrière des tourillons à la plate-bande de la culasse et deux calibres.

L'entretoise de mire sera terminée par ZY.

L'entretoise de lunette C2 sera à fleur de FG, et sa largeur C2. La tête 10, 11, 12, 13, 14, 15, 16, 17, égal à un calibre. L'enfoncement ou delardement le 1\|4 du flasque 18. 19.

Les flasques sont aussi délardées depuis le dehors de l'entretoise de couche jusqu'à la tête d'un demi-pouce pour loger les moulures.

On voit dans les coupes que l'entretoise de lunette n'a qu'un tenon, et que les autres en ont deux.

On voit aussi par la coupe de l'essieu l'entaille oblique.

Les tenons entrent dans les flasques des deux tiers de leur épaisseur, et les entretoises sont encastrées dans les flasques d'un sixième de l'épaisseur des flasques.

L'épaisseur de l'entretoise de lunette partagée en trois pour le tenon.

Les autres entretoises se partagent en 5 pour leurs tenons.

Coupe de l'entretoise de lunette.   }
Coupe de l'entretoise de couche.   }   Pl. 2, fig. 2.
Coupe de l'essieu et des flasques. }

PROPORTIONS DES FERRURES D'AFFUTS.

Pl. 11, fig. 1re, 2 et 3.

2 Heurtoirs. . { La tige, diamètre . . . .

{ La tête, hauteur . . . .

LONGUEUR DE LA TIGE, LA HAUTEUR DE L'AFFUT.

2 Contreheurtoirs, épaisseur . . . .

2 Susbandes comme le contreheurtoir.

2 Chevilles à tête plate comme le heurtoir.

6 Chevilles à tête de diamant, la tige comme le heurtoir.

Hauteur de la tête . . . .

4 Boulons, diamètre . . . .

6 Contrerivures en carré . . . .

2 Crochets de retraites, longueur. . . . .

La fleur de lis, longueur . . . .

Le crochet, longueur. . . . .

Diamètre du crochet . . . .

Au plus large du crochet . . . .

4 bouts d'affûts, largeur. . . . . , ...

4 Liens de flasques, largeur . . . .

1 L'anneau d'embreslage, diamètre . . . .

Diamètre du fer . . . .

1 Lunette, diamètre . . . .

1 Lunette, diamètre . . . .

33			24			16			12			8			4		
»	1	6	»	1	5	»	1	4	»	1	3	»	1	2	»	1	1
»	3	9	»	3	6	»	3	3	»	3	»	»	2	9	»	2	6
»	»	8	»	»	7 ½	»	»	7	»	»	6 ½	»	»	6	»	»	5 ½
»	2	9	»	2	6	»	2	3	»	2	»	»	1	9	»	1	6
»	1	3	»	1	2	»	1	1	»	1	»	»	»	11	»	»	10
3 calibres			3 calibres.			3 calibres.			3 calibres.			3 calibres.			3 calibres.		
1 cal.			1 cal.			1 cal.			1 cal.			1 cal.			1 cal.		
1 cal. ½			1 cal. ½			1 cal. ½			1 cal. ½			1 cal. ½			1 cal. ½		
»	1	6	»	1	5	»	1	4	»	1	3	»	1	2	»	1	1
1 cal. ½			1 cal. ½			1 cal. ½			1 cal ½			1 cal. ½			1 cal. ½		
le flasque.			le flasque.			le flasque.			le flasque.			le flasque.			le flasque.		
»	3	»	»	2	9	»	2	6	»	2	3	»	2	»	»	1	9
1 cal.			1 cal.			1 cal.			1 cal.			1 cal.			1 cal.		
»	1	6	»	1	5	»	4	4	»	1	3	»	1	2	»	1	1
1 cal.			1 cal.			1 cal.			1 cal.			1 cal.			1 cal.		
⅔ cal.			⅔ cal.			⅔ cal.			⅔ cal.			⅔ cal.			⅓ cal.		

DES FERRURES D'AFFUT.

20 Clavettes.

330 Clouds à tête de diamant.

76 Clouds à tête plate.

FERRURES D'UN ESSIEU.

2 Équignons en carré . . . .

2 Esses, diamètre. . . . .

2 Seyes ou envis, diamètre . . . .

5 Brabans, longueur . . . .

1 Maille.

2 Anneaux d'essieu.

2 Heurtequins.

2 Estriers

FERRURE D'UNE PAIRE DE ROUES.

12 Bandes de roues.

120 Clouds.

24 Liens à 33, 16 et 12, savoir :

12 doubles pesant . . . .

12 simples. . . . .

24 Clefs ou chevilles de liens pesant . . . .

4 Frêtes.

32 Caboches.

4 Cordons.

4 Boîtes, hauteur . . . .

33			24			16			12			8			4		
»	2	»	»	1	10	»	1	8	»	1	6	»	1	4	»	1	2
»	1	5	»	1	4	»	1	3	»	1	2	»	1	1	»	1	»
»	1	6	»	1	5	»	1	4	»	1	3	»	1	2	»	1	1
1	2	2	1	»	½	»	11	»	»	9	½	»	8	»	»	6	½
65 l.			55			45			35			25					
55			45			35											
18			17 ½			16											
1 calibre.			1 calibre.			1 calibre.			1 calibre.			» calibre.			1 calibre.		

PROPORTIONS DES AFFUTS DE PLACE
OU A BAS ROUAGES.

Pl. 13, fig. 2.

Flasques, longueur. . . . .

A la tête . . . .

Hauteur   Au cintre. . . . .

A la crosse . . . .

La crosse, longueur . . . .

Épaisseur des flasques . . . .

Cintre des flasques. . . . .

Entretoise de lunette. . .{ Largeur . . . .

Épaisseur . . . .

Entretoise de couche. . .{ Largeur . . . .

Épaisseur . . . .

Entretoise de volée. . . .{ Largeur . . . .

Épaisseur . . . .

Tenons . . . .

Il conviendrait que tous les affûts eussent de grands rouages par la facilité qu'il y a de les servir et de les conduire d'un lieu à un autre; et pour y avoir recours, lorsque, par une bataille ou autre cas, on en a perdu un grand nombre; mais aussi il en coûterait beaucoup plus de bois, qui devient rare particulièrement pour les grands affûts et les rouages de grand diamètre : ceux-ci étant plus exposés derrière les parapets des places, les bas rouages.

33			24			16			12			8			4		
10	»	»	10	»	»	10	»	»	10	»	»	9	6	»	9	6	»
1	5	»	1	5	»	1	4	»	1	3	»	1	2	»	1	2	»
1	3	»	1	3	»	1	2	»	1	1	»	»	11	»	»	11	»
1	1	»	1	1	»	1	»	»	»	11	»	»	9	»	»	9	»
1	3	»	1	3	»	1	2	»	1	1	»	1	»	»	1	»	»
»	6	3	»	6	»	»	5	»	»	4	6	»	4	3	»	4	»
»	5	»	»	5	»	»	4	6	»	4	»	»	4	»	»	4	»
1	1	»	1	1	»	1	»	»	1	11	»	»	10	6	»	10	»
»	6	3	»	6	»	»	5	»	»	4	6	»	4	3	»	3	»
1	3	»	1	3	»	1	3	»	1	3	»	1	»	»	1	»	»
»	6	3	»	6	»	»	5	»	»	4	6	»	4	3	»	4	»
»	8	3	»	8	»	»	7	»	»	6	6	»	6	6	»	6	»
»	6	3	»	6	»	»	5	»	»	4	6	»	4	3	»	4	»
»	5	»	»	4	9	»	4	»	»	3	6	»	3	3	»	3	»

PROPORTION DES BAS ROUAGES.

Pl. 13. Fig. 2

Diamètres des roues. . . . .

DU MOYEU.

Longueur. . . . .

Au bouge. . . . .

Diamètre. . . { Au gros bout. . . . .

Au petit bout. . . . .

Longueur des mortaises. . . . .

DES JANTES.

Hauteur. . . . .

Épaisseur. . . . .

DES RAYES.

Face. . . . .

La patte. . . . .

DE L'ESSIEU.

Longueur du corps. . . . .

Hauteur. . . . .

Épaisseur. . . . .

DES BOITES.

Du gros bout. . . . .

Diamètre. . . { Du petit bout. . . . .

Voie. . . . .

Jantes par roues. . . . .

On fait ces roues en Flandres de 3 pieds ½. . . . .

33		24		16		12		8		4	
39		39		36		36		36		36	
18		17		16		15		14		14	
17		15		14		13		12		11	
14		13		12		11		10		9	
12		11		10		9		8		7	
3	6	3	4	2	9	2	6	2	4	2	2
5		4	9	4	6	4	6	4	3	4	3
3	6	3	3	3		2	9	2	6	2	6
3		2	9	2	6	2	6	2	3	2	3
4		3	9	3		2	9	2	6	2	3
32		32		30		30		28		28	
8	6	8		7	6	7	6	6	9	5	9
7	6	7		6	6	6		5		4	9
7	6	7	6	7		6	6	5		4	9
5	9	5	3	4	9	4	3	3	3	3	
4 pieds 4/8		4 pieds 1/2		4 pieds 1/2		4 pieds 1/2		4 pieds 1/2		4 pieds 1/2	
5		5		5		5		5		5	

FERRURES D'AFFUT DE REMPART.

Elles sont comme les autres, mais on n'y met que 4 chevilles à tête de diamant; la crosse enveloppée d'un bandeau, et les clous des roues sont à tête plate pour ne pas endommager les madriers des plates-formes.

DE L'EMPLACEMENT DES CHEVILLES A TÊTE DE DIAMANT AU FLASQUE DE CAMPAGNES.

Pl. 13. fig. 1ᵉ.

Ayant placé la dernière cheville à tête de diamant au bout du contre-heurtoir, on divisera l'espace depuis cette cheville jusqu'à l'heurtoir en 4 parties égales, ce qui fera 5 points, dont 3 pour les 3 chevilles à tête de diamant, 1 pour la cheville à charnière et le 5ᵉ pour l'heurtoir.

DES AFFUTS A LIMONIÈRE DES FLASQUES.

Longueur, 3 pieds.
Largeur ou épaisseur, 3 pouces.
Hauteur de la tête, 11 pouces.
Hauteur à l'autre bout, 9 pouces.
Le tourillon placé à 10 pouces de la tête.
L'entaille venant vers la tête.
L'entaille de l'essieu placée à 11 pouces de la tête allant à l'autre bout.

DES TIMONS OU LIMONIÈRES.

Chaque limonière, 9 pieds de long 3 pouces 1/4 de pays, et de 6 pouces de haut venant à 2 pouces 1/2 sur 3 pouces au bout, percés à 6 pouces du bout et à 1 pouce 1/2.

Les limonières sont assemblées par deux entretoises, qui ont 3 pouces 1/2 d'épaisseur et 4 pouces 1/2 de hauteur.

Le dehors des limonières, 2 pieds 9 pouces.

Le dehors des entretoises, 3 pieds.

Les limonières cintrées de 6 pouces. relevées en crosse par le bout.

L'établage. 6 pieds

DE L'ESSIEU.

Le corps de l'essieu, 3 pieds 3 pouces.

D'équarrissage, 6 pouces sur 4. le petit bout de la fusée 2 pouces 6 lignes de diamètre.

DES ROUES.

Longueur de moyeux, 16 pouces.
Au bouge, 9 pouces 3/4.
Au petit bout, 6 pouces 1 ligne.
Au gros bout, 8 pouces 1 ligne.
Boîte du petit bout, 2 pouces 10 lignes.
Boîte du gros bout, 4 pouces 1 ligne.
Hauteur des jantes.
Épaisseur des jantes. 2 pouces 1/4.

DES FERRURES.

Les ferrures se voient sur les plans et profils.

Ces affûts ne se font ordinairement que pour les pièces de 2 ou de 3.

POIDS DES AFFUTS DE CAMPAGNE

MONTÉS SUR LEURS ROUAGES.

CALIBRES.	Affûts en blanc.	Roues en blanc.	Essieux en blanc	Affûts montés ET FERRÉS.
33	680	800	160	2540
24	580	700	150	2245
16	480	600	90	1870
12	380	520	64	1614
8	260	360	55	1273
4	150	320	48	1018
3	100	220	40	880
2	80	150	30	775
1	60	100	25	640

POIDS DES AFFUTS A BAS ROUAGES MONTÉS ET FERRÉS.

De 24 . . . . 1,550 livres.
De 16 1,350
De 12 1,050
De 8 800
De 4 650

DES AVANT-TRAINS.

Pl. 14.

On en fait de gros, de moyens et des petits; ils servent a voiturer les affûts, soit qu'ils portent leurs pièces ou non.

	GROS.		MOYENS.		PETITS.	
2 Limonières, longueur						
D'équarrissage { Gros bout	8	»	7	6	7	6
D'équarrissage { Diam. petit bout.	»	4	»	3 ½	»	3
Largeur du dedans en dedans . . .	»	3	»	2 ½	»	2
Des limonières	2	2	2	2	2	2
Les limonières d'orme doivent être un peu cintrées, et de brin s'il se peut.						
1 Entretoise de chêne						
D'équarrissage	»	4	»	3 ½	»	3
1 L'épars { Longueur.	3	»	2	8	2	3
1 L'épars { Épaisseur	»	2	»	1 ¾	»	1 6
1 sellette d'orme, épaisseur	»	5	»	4 9	»	4 6
Hauteur.	»	13	»	12	»	11
Longueur.	3	3	3	»	3	»
Longueur sur le haut	»	8	»	7	»	7
DE L'ESSIEU						
D'orme, longueur	6	6	6	»	6	»
Largeur.	»	6	»	5 6	»	5 6
Hauteur.	7	»	»	5 6	»	5 6
MOYEU.						
Longueur.	»	16	»	14	»	14
Diamètre au bouge	»	14	»	12	»	12
au gros bout.	»	11	»	9	»	9
au petit bout.	»	9	»	7	»	7
RAYES.						
Longueur.	»	14	»	13	»	13
De face	»	3	»	2 ¼	»	2 ¼
JANTES.						
Hauteur. . . . , ...	»	3 ¼	»	3	»	3
Épaisseur	»	2 ½	»	2	»	2

	GROS.		MOYENS.		PETITS.	
FERRURES.						
1 Cheville ouvrière, longueur . . .	3	3	2	6	2	6
Diamètre au plus gros.	»	3	»	2 ¼	»	2 ¼
Pèse	301		201	»	201	
1 Lunette ou coiffe sur la sellette, pèse	12		10	»	10	
Clous à tête de diamant.	20		20	»	20	
2 Seyes pèsent	5		4	»	4	
2 Contrefayes pèsent.	4		3	»	3	
2 Joues pèsent.	8					
1 Boulon	4					
2 Ragots	2	½				
2 Équignons, longueur	2	6	2	6	2	6
Épaisseur et largeur.	1	½	»	1	»	1
4 Brabants pèsent	1	½	1	½	1	½
2 Étriers pèsent.	10	»	8	»	8	
2 Anneaux d'essieu	1	½				
Hauteur des avant-trains	3	3	2	10	2	10
Les roues ont . { Jantes . . .	5	»	5	»	5	
{ Rayes	10	»	10	»	10	
FERRURES DES ROUES.						
10 Bandes proportionnées à l'épaisseur des jantes, pèsent.	55	»	»	»	50	
Clous de roues, 100 pesant. . .	9	»	7	»	7	
4 Cordons, pesant.	16	»	14	»	14	
4 Frettes, pesant	16	»	14	»	14	
24 Caboches, pesant.	2	»	1	½	1	½
Boîtes { Du gros bout, diamètre . .	5	»	3	½	3	½
{ Du petit bout, diamètre .	3	»	2	½	2	½
Pesant les quatre	20	»	15	»	15	
Six crampons, pesant	2	¼	2	2	»	

POIDS D'UN AVANT-TRAIN.

En blanc . . . .   302 livres.
Ferrures de l'avant-train   66
Ferrures de l'essieu   33
Ferrures des roues   119

Total du poids de l'avant-train . .   520 livres.

DU CHARRIOT PORTE-CORPS.
Pl. 15.

Ce charriot est composé de deux trains : l'un de derrière et l'autre de devant.

Le train de derrière a ses roues comme celles de 8, ainsi que l'essieu.

La sellette d'orme, hauteur 7 pouces, épaisseur, celle de l'essieu, longueur, 3 pieds 6 pouces.

La flèche d'orme 12 pieds de long, 6 à 7 pouces de large et d'épaisseur.

2 Empanons d'orme, 6 pieds 1/2 de long, 4 à 5 pouces d'équarrissage, ouverture des empanons à l'essieu, 7 à 8 pouces; les empanons passent au-delà de l'essieu de 4 pieds de diamètre, selon les proportions de 8, ainsi que l'essieu qui est percé d'un trou de 14 à 15 pouces pour la cheville ouvrière.

Les armons d'orme, long de 6 pieds et 4 pouces d'équarrissage, bardés de 20 pouces à l'essieu par derrière et venant à 16 pouces aux bouts, écartés derrière de 3 pieds dans œuvre, les bouts de devant percés à 5 pouces pour y passer un boulon.

L'assasoire posée et encastrée à 4 pouces des bouts des armons qui sera d'orme, de 5 pieds 1/2 de long, 3 pouces d'équarrissage, aplatie par-dessus pour donner plus de facilité à la flèche.

La sellette, comme celle de derrière.

Le lissoir d'orme, de la longueur de la sellette et de hauteur.

Les brancards de chêne, de 12 à 13 pieds de long et de 4 à
5 pouces d'équarrissage, assemblés par une entretoise, cour-
bée de manière que les brancards soient écartés d'un pied.

FERRURES.

2 Liens d'empanons.

2 Contre-sayes pour écarter les empanons derrière l'essieu,
qui sont à tête plate et clouée.

2 Sayes qui passent au travers de la sellette, de l'essieu et des
empanons; elles s'arrêtent sur les équignons ; elles ont 8 pouces de tête pour servir de rancher.

Une cheville ouvrière qui traverse le lissoir, la sellette, la
flèche et l'essieu ; et clavette dessous.

2 Bouts d'armons.

1 Boulon.

2 Étriers de sellette et d'essieu par devant, et 2 par derrière.

2 Sayes.

1 Bande de mufle.

2 Chevilles à tête plate contre les brancards.

DES LIMONIÈRES.

Comme celle des gros avant-trains aussi bien que les ferrures; on y fait un têtart qui se trouve entre les armons, et les
armons entre les limonières.

DU TRIQUEBALLE.

Pl. 16, fig. 2

Le gros a son train comme celui d'un charriot à canon, la
sellette un peu plus haute. Les roues de 7 pieds de diamètre,
selon les proportions d'un affût de 12. Le timon de 12 pieds
de long, 7 pouces de large d'épaisseur, et 4 pouces d'équarissage au petit bout.

LE MOYEN TRIQUEBALLE.

Les roues de 6 pieds de diamètre sur les proportions de celle de 8.

LE PETIT TRIQUEBALLE.

Les roues de 5 pieds 1/2 à 6 pieds de diamètre selon les proportions de 4.

Les timons sont quelquefois percés pour recevoir une cheville ouvrière d'un avant-train fait comme les autres, mais la cheville ouvrière a une tête pour arrêter la flèche.

Les ferrures se verront au dessin.

On se sert ou d'une chaîne ou d'une corde pour transporter les pièces.

DU TRAINEAU.

Pl. 17, fig. 1, 2, 3.

La figure est coté, on en verra de plusieurs façons.

DE LA MANIÈRE DE MONTER LES PIÈCES.

On lève les petites à plomb sur leur volée, la culasse en haut ; on lève la crosse de l'affût en l'air, puis on laisse tomber doucement la pièce sur l'affût où elle s'y place d'elle-même, puis on baisse l'affût ; bien entendu qu'on a levé les sus-bandes auparavant.

Si on n'était pas fort d'hommes, on ôtera une roue de l'affût et on posera le bout de l'essieu à terre et deux chantiers sur l'affût pour y faire rouler la pièce avec des leviers.

Les grosses pièces se montent ordinairement avec la chèvre.

DE LA CHÈVRE.

Pl. 17, fig. 5.

La chèvre a 2 jambes de bois de brin d'orme, de 12 à 14

pieds de long, de 7 pouces de large sur 3 d'épaisseur, et de 4 pouces aux épaulements où sont les mortaises.

Les mortaises, 3 pouces 1/2 de haut et   pouces de large pour recevoir les épars.

Le premier épars placé à 9 pieds du bas, sera de chêne, 7 pieds de long, 5 pouces sur 2 d'équarrissage pour donner 6 pieds d'écartement aux jambes de la chèvre, les tenons des épars arrêtés par des chevilles en dehors.

Le treuil, 5 pieds 1/2 de long compris les tourillons, de diamètre 8 pouces, les bouts équarris de la longueur de 9 pouces, les mortaises de 3 pouces 1/2 de long, sur 2 1/2 de large, les tourillons 3 pouces 1/2 de diamètre: la longueur se déterminera par l'épaisseur des jambes.

Le second épars, placé à 3 pieds du treuil de 4 pieds de long ou de l'écartement des jambes.

Le troisième épars à trois pieds du second, long de l'écartement des jambes.

Un trou à 6 pouces de la tête pour passer le boulon, 1 pouce de diamètre ou 15 lignes, pour assembler les jambes.

Une languette entre les deux poulies dans le boulon, sera un pied au-dessous de la tête, les poulies 8 pouces de diamètre, 2 pouces d'épais; elles pèsent 18 livres.

La tête de la chèvre est coiffée, et ses jambes, aussi bien que le pied de chèvre, sont ferrés, et au milieu il y a une fiche de fer pour empêcher la chèvre et le pied de s'écarter.

Le pied a 6 pouces d'équarrissage en bas, et 4 en haut.

DE L'ÉCHARPE.
Pl. 17, fig. 7.

C'est une troisième poulie avec son boulon et un crochet contenu dans une ferrure qui se joint aux deux par le moyen d'un cable; l'écharpe avec son crochet pèsent environ 30 liv.

DU CABLE DE CHÈVRE.
Pl. 17, fig. 7 et pl. 18

Le cable a 60 pieds de long et 20 lignes de diamètre, pèse 60 livres.

ÉQUIPER UNE CHÈVRE ET LA MONTER.

Il faut l'élever comme on le voit dans la figure, de manière que les poulies se trouvent immédiatement au-dessus des anses de la pièce que l'on veut monter sur son affût. Un homme passe le cable par-dessus le treuil et lui fait faire trois ou quatre tours ; ensuite il monte sur un épars de la chèvre, et tenant le bout du cable, il le passe par-dessus la poulie de la gauche que l'on tire pour le faire passer sous la poulie de l'écharpe, puis le fait monter, repasser sur la poulie de la droite, et enfin on le descend jusqu'à la pièce, on l'attache à une des anses, mettant le crochet de l'écharpe à l'autre anse ; l'autre bout du cable se trouve dehors, et un homme ou deux tirent pendant que l'on tourne au treuil ; ensuite l'on met les leviers dans les mortaises : deux hommes les font mouvoir, et puis deux autres, jusqu'à ce que la pièce soit montée assez haut pour la redescendre sur l'affût que l'on introduit à bras sous la pièce qui est en l'air.

On fait des chèvres de sapin pour la campagne, qui sont plus légères.

DE LA CHEVRETTE.
Pl. 18.

La figure en fait assez voir la construction. Elle a 3 ou 4 pieds de haut : il faut un grand levier ferré, qu'on appelle levier d'abattage que l'on pose sur le boulon, lorsqu'on veut lever un affût et sa pièce, ou que l'on doit changer une roue.

DU CRIC.
Pl. 18.

Voyez la figure qui est composée d'un fût, d'une barre dentelée, qui se hausse et baisse par le moyen d'une manivelle faisant tourner une noix qui engraine dans la barre ; la barre a une fourche et une griffe. Il y a, outre cela, des pitons, des molles-bandes et liens de fer qui entretiennent le fût du cric.

D'UNE CHARRETTE A MUNITIONS; COMME ELLES SE FONT EN FLANDRE.

Pl. 18, fig. 1 et 2.

2 limons de brin de chêne, trempé dans l'eau pendant un an, s'il est possible.

17 à 18 pieds de long, 5 à 6 pouces au gros bout, 3 à 4 pouces au petit, 7 à l'endroit où se pose l'essieu, qui est à 6 pieds du gros bout; 6 épars de chêne de 3 pouces de largeur, 2 pouces d'épaisseur et 3 pieds de long; le premier épars a 6 pouces du derrière, et le dernier a 6 pieds des autres bouts; les autres épars exposés également depuis l'essieu de chaque côté, sur lequel il y a un support qui a de longueur la largeur dans œuvre des limons.

4 épars montants mortaisés dans les limons et au-dessus, de 20 pouces, et passant à travers les ridelles; ils sont placés à 18 pouces des premiers épars et derniers.

70 ou 72 roulons de bois de frène de quartier, de la longueur des épars montants, 4 ridelles d'orme ou frène de deux pouces d'équarissage et de 12 pieds de long, laissant 6 pouces à chaque bout pour les tressailles, ce qui fera 11 pieds de charge pour les munitions, observant que les premiers roulons passent par les épars du fond, et qu'il n'existait que 22 pouces 1/2 d'intervalle entre les roulons.

4 ou 5 burettes de 12 pieds de long de 16 lignes d'épais, et assez large pour couvrir le fond de la charrette, laissant 2 pouces d'intervalle entre deux.

4 ranchers portés par quatre porte-ranchers de fer cloués aux limons, à 18 pouces du bout des ridelles.

4 tressailles d'orme de 18 lignes d'épais, de 3 pouces de large et plus au bout pour 7, introduire les ridelles; les tressailles d'en haut doivent donner 3 pieds 4 pouces d'écartement aux ridelles.

Quand les tressailles sont garnies des roulons avec une traverse au bas, pour lors ces charrettes s'appellent charrettes à loges.

2 échantignolles d'orme de 4 à 5 pieds, de l'épaisseur des

limons. 6 à 7 pouces de haut au milieu. venant à 2 ou 3 au bout.

FERRURES DES CHARRETTES.

2 ragots. 4 porte-ranchers, 4 molles-bandes, un essieu de fer de 6 pieds 1/2 de long et 3 pieds de corps,   lignes d'é-quarrissage.

DES ROUES.

De diamètre. 5 pieds 2 pouces, selon les proportions. sans boîte ni liens. Les ferrures des roues et du corps de charrette pèsent 180 livres.

      Façon du corps de charrette . . . 5 l. 10 s.
      Façon de la paire de roues. . . . 4   10

Une charrette fournie en entier par l'ouvrier. a été payée 75 à 80 livres.

Quand on paie le fer à part. l'on donne 2 s. 6 d. jusqu'à 3 s. de la livre appliquée. On a payé du corps d'une charrette en blanc. 20 à 21 livres. et de la paire de roues 15 livres. L'essieu a coûté 15 à 18 livres.

DES CHARRETTES A BOULETS.
Pl. 19. fig. 3.

Les timons, 12 pieds de long.
La charge, 6 pieds.
Une ridelle, les roulons, 1 pied. Ces charrettes peuvent servir à mener les mortiers et affûts ou crapaud en batterie.

DES CAISSONS.
Pl. 19. Fig. 4

Voyez la figure. Il sert à renfermer les menus achats, artifices, serpes, haches et autres, etc.

CHARRIOT A MUNITION D'ALLEMAGNE.

Longueur des brancards.	13 p.	
Charge du charriot	12	
Largeur à la tête	»	6
Largeur par derrière	»	5
Épaisseur	»	4
Longueur { de l'essieu de devant	3	
Longueur { de l'essieu de derrière	2	11
Hauteur	»	6
Largeur	»	5
Longueur du lissoir	3	6
Hauteur du lissoir	»	6
Largeur du lissoir	»	5
Longueur de la sellette.	3	6
Hauteur	»	5
Longueur de la fourchette	3	
Largeur dans l'écartement du lissoir.	»	8
Largeur au menu bout	»	4
Hauteur	»	3
Un support sur la fourchette, un support contenant un arc et les brancards, sa largeur.	»	3
Longueur des armons.	4	
Équarissage	»	4
Jointure des armons	»	4
Une petite entretoise d'un pied au bout de l'armon	1	
Largeur de l'entretoise	»	3
Longueur des échantignolles	2	6
Hauteur sous l'essieu	»	6
En diminuant vers le bout	»	3
Hauteur des ridelles	1	8

Diamètre du rond.	2	4	
Largeur	»	2	6
Hauteur	»	2	3
Longueur de la limonière.	8	»	
Établage	6	»	
Équarissage du têtard	»	4	
Épaisseur de la limonière.	»	3	
L'épars 2 pouces de mortaise	»	2	
Épaisseur	»	1	
Longueur de l'entretoise	2	6	
Ouverture de limonière par devant	2	»	
A l'autre bout.	2	3	
Longueur de l'entretoise de limonière.	»	3	6
Hauteur des roues	4	10	
Hauteur des roues de devant	3	»	
Longueur du moyeu	1	3	
Diamètre au gros bout	»	9	
Diamètre au petit bout	»	7	
Diamètre au bouge	»	11	
Diamètre des boîtes du gros bout.	»	4	
Diamètre des boîtes de petit bout	»	3	
Hauteur des jantes	»	3	6
Épaisseur des jantes.	»	2	6
Face du raye	»	2	2
Largeur des mortaises.	»	2	3
Longueur de la patte	»	3	6

DU HAQUET.

Pl. 21, fig. 3 et 4.

2 brancards d'orme. 18 pieds de long. 6 pouces de hauteur et 3 pouces 1/2 d'épais; largeur de dehors en dehors
des brancards. 3 pieds. Les brancards posent sur leurs champs
4 épars et 2 entretoises de 3 pieds.

L'entretoise de devant appelée la lunette: hauteur, 7 pouces.

16 de large ; elle a une entaille en dedans pour porter les
bouts des poutrelles.

L'entretoise de derrière, 6 pouces 1/2 de hauteur, à un
des bouts de laquelle il y a une ouverture de 3 pouces 1/2 de
large, sur 4 de hauteur pour passer les poutrelles.

5 supports de 5 pouces de largeur, 4 pouces d'épais, et
d'environ 7 pouces de haut, délardés par dessous entre les
brancards d'un demi-pouce, pour passer plus facilement les
poutrelles. Le dessin fera voir les poupées et les planches qui
empêchent le pont de glisser.

Les madriers de sapin, 16 pieds 3 pouces de long, 4 pouces
sur 3 de large et d'épais.

Les boulons encastrés au bout des poutrelles, en sorte qu'il
y ait 15 pieds d'un boulon à l'autre.

Les madriers de sapin, de 12 pieds de long, 2 pouces d'épais
et un pied de large.

ROUAGES.

5 pieds de diamètre sur les proportions de 8.

L'essieu, comme pour 12 ; il a 7 pieds de long, le corps
cintré et les fusées de revers, pour que les roues aient la
même voie et échappent le ponton.

L'avant-train, comme pour les gros affûts, avec deux arcs-
boutants soudés à une lunette.

PONTON.

17 pieds et demi de long, 5 de large, 13 pieds 6 pouces
de long dans le fond, et 4 pieds 6 pouces de large, 26 pouces
de haut et de bord.

DE LA CARCASSE.

Pl. 22, fig. 1.

De bois d'orme.

5 tringles de 13 pieds 6 pouces de long, 1 pouce d'épais.

11 courbes de 4 pieds 6 pouces de long, 3 pouces de haut
et 2 pouces de large.

Montants de 2 pieds de long, mortaisés aux courbes et encastrés dans les plats-bords ; les 3 tringles du milieu du fond
se prolongent sur les avant-bouts, de 3 pieds.

L'avant-bout, 3 pouces de haut sur 6 de large.

Le plat-bord, de 17 pieds 1/2, haut de 3 pouces et large de
4, y compris le quart de rond.

On enveloppe cette carcasse de cuivre en tables, clouées et
soudées ; il y entre environ 650 livres, la feuille pesant 50 liv.

On garnit le dessous du ponton de tringles d'orme.

OUTILS A PIONNIERS, EN FLANDRE.

Pl. 21.

Bêche, pèse 3 livres à 3 livres 1/4 ou 3 livres 1/2, hauteur
9 de large, 7 pouces 1/2 par en haut et 6 par en bas, 8 pouces
de douille, 4 dans la bêche et 4 dehors ; elle a 22 lignes de
diamètre et finit en pointe. Il y entre 3 onces d'acier. Le
manche 3 pieds 1/2 de long, 2 pouces de diamètre au plus
gros, réduit à 1 pouce 1/2 au petit bout. Il est de bois de
frêne de quartier, bien droit et bien uni, forcé dans la
douille.

Écoupe, pèse 3 livres 1/2. (Voyez la figure). Emmanchée
comme la bêche : longueur de la douille, 5 pouces, l'arête,
4 pouces 4 lignes ; longueur de l'écoupe depuis l'arête,
4 pouces 10 lignes ; largeur de l'écoupe, y compris la douille,
10 pouces, allant en arrondissant jusqu'au bout ; diamètre
de la douille, 1 pouce 10 lignes ; épaisseur de la douille,
1 ligne 1/2 à 2 lignes ; longueur de toute l'écoupe, 13 pouces
9 ou 10 lignes.

Pic-Hoyau, pèse environ 3 livres 3/4 ; longueur, 14 pouces,
savoir : 6 pour le pic et 6 pour le hoyau, le reste pour l'œil ;
hauteur de l'œil, 2 pouces, percés des deux côtés ; largeur
du hoyau au tranchant, 3 pouces 1/2 et 2 pouces proche l'œil ;
épaisseur contre l'œil, 8 à 9 lignes ; le hoyau, de 3 onces
d'acier, et le pic qui aura 1 pouce d'équarissage et en grain

d'orge, assuré de 2 onces d'acier : le manche, comme à la bêche.

Hache, pèse 3 livres à 3 livres 1/4, acérée de 4 onces : longueur, 8 pouces, depuis la tête : hauteur de la tête, 3 pouces ; le corps de la hache, 5 pouces de long : largeur du taillant, 4 pouces : largeur du collet, 2 pouces 1/4 : d'épaisseur au collet 10, lignes : la tête ronde, pour empêcher qu'on ne s'en serve à cogner des piquets, ce qui les fait casser : hauteur de l'œil pour le manche, 2 pouces 1/2 : le manche, 2 pieds 10 pouces, renforcés de 6 pouces contre la hache.

Serpe, pèse 1 livre 1/4, ou 1 livre 1/2, acérée de 3 onces d'acier : 10 pouces de long : 4 lignes d'épais : largeur au milieu, 2 pouces 3/4, arrondie de 2 pouces sur 1 1/2 de large près du manche : la mèche, ou soie, 6 pouces de long, dont 5 pour le manche, qui a 5 pouces : le reste pour river.

Diamètre du manche, 1 pouce 1/4 à un bout, et 1 pouce 3/4 à l'autre : la virolle, 1 pouce de diamètre et 9 lignes de large.

OUTILS A MINEURS.

Pl 25.

Sonde à tarrière ou trépan de plusieurs pièces.
Sonde pour les terres.
Grandes pinces, dont une à pied de chèvre.
Petites pinces à main.
Aiguille pour travailler dans le roc.
Pioche à mineur.
Bêche.
Écoupe emmanchée.
Drage.
Herminette.
Masse.
Massette.
Marteau de maçon.
Marteau à deux pointes.
Grelet.

Pic-hoyau.
Pic à roc.
Hoyau.
Poinçon à grain d'orge.
Ciseaux plats.
Ciseaux demi plats.
Louchets à faire rigolles.
Tranchets.
Coins de fer.
Petites haches.
Petites et grandes scies.
Equerre, niveau, règle et plomb.
Chandelier de fer.
Lanterne claire.
Lanterne sourde.
Mèche soufrée.
Allumettes.
Briquet.
Pierre à fusil.
Marteau à main.
Vrille.
Ciseaux.
Amadou.
Grand panier à 4 oreilles pour les bouriquets.
Panier à deux anses pour vider les terres.
Cordages de treuil du bouriquet.
Brouettes.
Augets.
Crochet de fer pour les cordages.
Grosse toile à faire saucissons.

OUTILS DE CHARPENTIER.
Pl. 27.

Une grande règle et petite règle plate.
Un pied, une toise et une autre toise plate.
Compas grands et petits.
Le couteau à chapiteau,

Niveau à plomb plein.
Niveau à plomb carré.
Calibre.
Equerre et triangle.
Sauterelle.
Fausse-équerre.
Scies de différentes grandeurs.
Besigues.
Jauge pour les mortaises.
Tarrière, lasseret, ciseaux.
Maillets gros et petits.
Marteau de fer.
Grandes cognées avec d'autres cognées, que quelques-uns appellent épaules de mouton.
Hachette à marteau.
Cheville d'assemblage.
Repoussoir.
Rabot rond.
Gallère et plane.
Rainette.
Trasceret.
Herminette.

OUTILS DE MENUISIER.

Pl. 27 et 28.

Scie à refendre, scie à débiter, scie à tenon, scie à tourner, scie à enraser, scie à main, égochine, scie à cheville.
Établi, valets, crochets et boîtes.
Maillet, sergent ou david, étraignoir.

OUTILS A FUTS

Petite varlope, varlope à onglet ou onglée.
Guillaume à ébaucher.
Guillaume à plate-bande.
Guillaume à reculer.

Guillaume de bout.
Rabot à replanir.
Mouchettes.
Mouchettes à grain d'orge.
Bouvement, bouvet, feuilleret.
Guide.

OUTILS A MANCHE DE BOIS.

Ciseaux à deux biseaux, ciseaux à lumière, fermoirs grands et petits, fermoir à nez rond, bec-d'âne et gouges.

Trusquin d'assemblage, trusquin à longue pointe, guille-boquet, règles plates, règles à pieds, équerres, fausse-équerre ou sauterelle, triangle carré, triangle à onglet, calibre, compas.

Marteau et tenaille, vilebrequin et mèches de plusieurs grosseurs.

Râpes, limes, peau de chien, tourne-à-gauche.

OUTILS A CHARRONS
Pl. 29.

Cognée, gouge carrée, gouge ronde, ciseaux, tarrière, scie à main, plane, grande scie, ciseaux à écolter, tarreau, chevalet, un vidoir, maillet.

OUTILS A FORGEURS.
Pl. 31.

Un soufflet de 3 pieds, 1 enclume, 1 bigorne, étau, 2 tenailles croches, 2 tenailles droites, 2 marteaux à devant, 2 marteaux à main, 1 tranche, 1 poinçon plat, 6 limes, carreaux et demi-carreaux, 1 paquet de limes des 4 au paquet, 1 perçoire, une pointe, 2 coins de fer, 4 ciseaux de 18 pouces, 1 chasse, 1 estampe, 1 tisonnier croche et un pointu, clougère, une tuyère forgée, marteau fendu, tisonnière servante.

OUTILS A TOURNEUR.
Pl. 32.

Ciseaux, biseaux, gouges grain d'orge. bec-d'ânes, passe-fer dentelé, fer croches. tarots. vis de fer. et beaucoup d'autres inutiles ici, ce qu'il y a à tourner n'étant presque que des fusées à bombes et à grenades.

OUTILS A TONNELIERS.
Pl. 32.

Essette, tretoire, plane. tire-fond, chevalet, gabloire. scie à tourner.

OUTILS A CHAUDRONNIER.
Pl. 33.

Forge complète, bigorne. tas. tas à repousser tas à mandrin, boîtes, cisailles, marteau de bois, marteau de fer, marteau à alonger, masse, piler. grattoir. étau. ciseau, poinçon. limes de plusieurs façons.

OUTILS D'ARMURIER.
Pl. 33.

Tournevis, pousse-goupille, marteau. tourne à gauche. monte-ressort, grattoir, tire-bourre.

Tareaux pour les écroux. filière pour les écroux de la culasse, forets pour les canons. palette. boîtes à forets, fraise. chevalet à fraiser les bassinets, filières. compas. calibre, outils coudés, rabots ronds. vilebrequin. limes plates, carreaux. demi-carreaux, limes bâtardes et douces, limes rondes, lime à couteau, limes à dos ronds, limes flambantes.

Autres outils pour faire les vis et tête à charnière.

Plane, scie, repoussoir, gouge. rabot rond. ciseaux, percegoupille, étau, tenaille à vis, tenaille à chanfrin, forge complète, établi, valet, mailloche, scie à refendre, calibre pour tracer les fûts, peau de chien de mer ou cuir sur lequel on a collé du sable avec de la colle forte.

DE LA POUDRE.

Est composée de salpêtre, soufre et charbon.

DU SALPÊTRE.

Il y en a de deux sortes, le minéral et l'artificiel.

Le minéral se trouve dans les jardins, montagnes, ou le long du Volga ; on peut y joindre celui des bâtiments.

L'artificiel se tire des gravois et plâtras des vieux édifices et cendres qu'on lessive dans des cuviers.

Pour se servir du salpêtre on le lessive, ce qui s'appelle cuite ; celui qui vient de la première est le salpêtre brut.

Le second de deux eaux.

Le troisième des trois eaux ou de glace.

Le quatrième quand on le fond sans l'eau, ce qui le rend en roche.

QUALITÉ DU SALPÊTRE.

Bien blanc, clair, transparent, bien dégraissé et sans sel.

DU SOUFRE.

C'est un minéral, le plus jaune est le meilleur ; il pétille quand on le met à l'oreille ; on le rafine en le faisant fondre et l'écumant.

LE CHARBON.

De bourdaine dont on ôte l'écorce et les nœuds ; un cent de bois produit environ 12 livres de charbon.

COMPOSITION DE LA POUDRE.

3/4 de salpêtre;
1/8 de soufre;
1/8 de charbon;
C'est-à-dire 6 de salpêtre, 1 de soufre et 1 de charbon.

Ces trois matières se battent séparément et puis ensemble pendant 24 heures, arrosées toutes les trois heures avec de l'eau dans des mortiers de bois dans lesquels on met 26 livres de matières, la changeant de mortier de 6 heures en 6 heures.

DU GRÉNOIR.

Pl. 34, fig. 2.

On graine la poudre dans un crible pressé par deux petits plateaux de bois, puis on la tamise pour en ôter le poussier; et ensuite on met sécher la poudre au soleil ou dans un four.

DE LA POUDRE A GIBIER.

Elle diffère de celle de canon, en ce qu'elle est un peu plus battue et qu'on emploie du salpêtre en roche, et que dans l'autre on ne met que celui de trois cuites.

DE L'ÉPREUVE DES POUDRES.

Pl. 35.

On éprouve les poudres dans un mortier de fonte sur sa semelle pointé à 45°, dont la chambre contient seulement 3 onces de poudre juste que l'on y met avec un entonnoir dont le bout va jusqu'à la chambre, il faut que ces 3 onces chassent un boulet de cuivre pesant 60 livres, à 50 toises ou au moins à 45 pour que la poudre soit reçue.

DES BARRIQUES A POUDRE DE 200.

Pl. 35.

De bois de chêne, 23 pouces de long, 18 pouces 1/2 d'enfonçure, 6 chevilles de bois à chaque bout.

La chappe de même bois, 2 pieds 3 pouces de long, 1 pied 10 pouce d'enfonçure ; les cercles comme à un tonneau.

Lorsqu'on transporte les poudres dans les montagnes, à dos de mulet, on les met dans des barriques de 100, enchappés.

DES POUDRES A REFECTIONNER.

Quand les poudres ont acquis de l'humidité et de la faiblesse, de sorte qu'elle n'ont pas la force des poudres nouvellement faites, on les éprouve dans le mortier pour juger de leurs forces, et selon qu'elles en ont, on les rebat en y ajoutant le salpêtre nécessaire, et ensuite on les éprouve de nouveau et il faut qu'elles chassent le boulet comme les neuves.

DES BOULETS.

Il faut qu'ils soient bien ronds, qu'ils pèsent leur poids, bien ébarbés pour qu'ils ne rayent pas les pièces, et sans souflures afin qu'ils ne pirouettent pas en l'air.

DES CARTOUCHES.

De toile, de parchemin, de bois ou de fer-blanc, les deux dernières sont les meilleures, celles de fer-blanc doivent être préférées; elle ont un calibre 1/2 de long le diamètre du boulet, elles se ferment comme une boîte. Lorsqu'on aura rempli la boîte à un calibre, on introduira un tampon de bois, juste à la boîte, de l'épaisseur d'un demi-calibre, et on le couvre de son couvercle que l'on soude en deux ou trois endroits, observant quand on la met dans la pièce que le tam-

pon entre le premier : on peut brûler la pièce quand elle est
pointée à sa hauteur afin de gagner du temps.

DES GARGOUGES.

De parchemin, de 4 calibres de la pièce de long, pour
qu'il y ait un calibre qui serve au cul, et un autre pour l'é-
tranglure. On la moule sur un rouleau du calibre du boulet,
on les coud ou on les colle avec de la colle-forte ; quand on
la coud, il faut tremper dans du vinaigre : quand la poudre
est dedans, on la lie avec de la ficelle comme un sac.

DU PLOMB.

On le moule dans des moules de fer, ceux de cuivre, étant
trop tôt usé ; il faut que les moules soient bien fraisés et creu-
sés. Outre les moules, il faut des chaudières, cuillères et cisailles, pour couper les crêtes ou barbes du plomb : après
qu'on l'a ébarbé, on le roule dans des tonneaux pour le rendre
bien rond.

Le plomb pour les fusils est ordinairement de 22 à 24 à
la livre, à présent de 18 ; celui pour rempart, 14 et 16. Il y
a du plomb dans les arsenaux qu'on appelle de milice, qui est
plus petit.

TABLE DES DIAMÈTRES DU PLOMB.

NOMBRE DES BALLES A LA LIVRE.	DIAMÈTRE EN LIGNES.	
8	10	$\frac{1}{2}$
9	10	$\frac{1}{2}$
10	9	$\frac{3}{4}$
11	9	[illegible]
12	9	[illegible]
13	8	[illegible]
14	8	[illegible]
15	8	[illegible]
16	8	[illegible]
17	8	1
18	8	[illegible]
19	7	[illegible]
20	7	[illegible]
21	7	$\frac{3}{4}$
22	7	$\frac{1}{2}$
23	7	[illegible]
24	7	[illegible]

Le calibre de 8 lignes peut servir pour l'arquebuse à croc.

DES BARILS.

De chêne, 12 pouces 1/2 de hauteur. 10 pouces d'enfonçure, 10 cercles, 2 en dedans de l'enfonçure, 6 clous à chaque bout.

La chappe aussi de chêne, 15 pouces de long, 12 pouces d'enfonçure, 12 cercles et 2 dedans l'enfonçure, 12 clous à chaque bout.

DE LA MÈCHE.

Quoiqu'on ne se serve de la mèche aux siéges que pour le canon, il en faut cependant dans les places où il y a encore des mousquets. La mèche est faite d'étoupe de lin ou de chanvre filé à trois cordons, recouvert chacun séparément de chanvre pur; 40 ou 42 toises de long ne doit peser que 8 à 8 livres 1/2; qu'elle soit bien lessivée et bien serrée, qu'elle fasse un bon charbon, en sorte que 4 à 5 pouces de mèche durent environ une heure, que le charbon soit dur en pointe et résiste.

DES TONNES.

De 3 pieds 1/2 de long, 2 pieds 1/2 de diamètre, contient 400 livres de mèche.

DES SACS A TERRE.

De toile d'étoupe de bon fil et bien serrée, de 3/4 de large, aune de Paris, entre les deux lisières, pour que les sacs à terre aient 28 pouces de hauteur, et qu'il y ait 1 pouce pour l'ourlet haut et bas; ainsi le sac aura 15 pouces de large ou environ; la couture, comprise de cette façon, deux aunes feront trois sacs. On fait les coutures doubles rabattues, et on met la ficelle à deux doigts du bord.

DES CORDAGES.
Pl. 37.

Cinquenelle de 200 toises, 20 à 24 lignes de diamètre,

de bon chanvre et bien filée : celle de 120 toises et de 100,
20 lignes de diamètre. La grande, pour les grandes rivières,
les autres pour les ponts de bateaux et pontons. Sur des petites rivières, pour passer le canon à une petite rivière, ce
que l'on appelle à canon perdu, pour monter du canon sur
des montagnes où les chemins sont impraticables, ou pour
les descendre, on en fait depuis 50 jusqu'à 90.

COMBLEAU.

De 18 à 20 toises et de 18 lignes de diamètre. Ce cordage
sert à tirer les pièces tombées dans l'eau.

CABLE DE CHÈVRE.
Pl. 37.

12 toises de long, 16, 17, 18 et 20 lignes de diamètre : il
sert à lever les pièces par le moyen d'une chèvre.

Tous ces cordages, de bon chanvre, bien filé également :
que les fils soient fins ; plus il y en a, plus le cable est bon :
qu'il n'y ait point de boudin, qu'ils soient faits de 4 cordons
et maniables.

ALONGE.
Pl. 37.

35 toises de long, 12 à 14 lignes de diamètre. Elle sert
aux ancres, tient lieu de cinquenelle sur des bras de rivière,
pour passer du canon perdu, descendre et monter les petites
pièces ou les débourber.

DOUBLE PROLONGE.
Pl. 37.

12 toises de long, 12 lignes de diamètre, sert à mettre le
canon en batterie, de hauban à la chèvre, à voiturer le canon,
soit par des hommes, chevaux ou bœufs.

PROLONGE SIMPLE.

8 toises de long, 10 à 12 lignes de diamètre; sert comme la double.

LE TRAVERS.
Pl. 37.

4 toises de long, 10 lignes de diamètre; sert à brêler les pièces sur leurs charriots, à amarrer les bateaux, pour arrêter les pontons sur leurs haquets, et à contenir les bateaux et pontons à leurs places.

TRAIT A CANON.

12 à 13 pieds de long, 15 lignes de diamètre.

TRAIT BATARD.

11 pieds de long, 12 lignes de diamètre.

Trait simple, 10 pieds de long, 10 lignes de **diamètre**.

Attelage. Est composé de 4 chevaux, le limonier, le cheval de cheville, le cheval de trait et le cheval de devant.

Charge. On charge les voitures de 12 à 1,400, ce qui suffit pour 4 chevaux; dans les pays difficiles, on ne met qu'un millier.

Les pièces de 4 ont un attelage de 4 chevaux.

Les pièces de 8, 6 chevaux.

De 12, 9, doublés; celles de 16, 13 chevaux doubles, celles de 24 et 33, 17 chevaux doubles; les chevaux des grosses pièces varient selon les chemins ou leur faiblesse.

DE LA GALÈRE.

Est une prolonge double, de 24 toises doublée.

ÉQUARRISSAGE.

Est toutes les pièces et munitions nécessaires pour marcher
en campagne avec une armée, soit pour un siége ou bataille.

OBSERVATIONS.

Un petit ou grand équipage doit être composé des mêmes
munitions, du plus au moins: proportionner les munitions
au nombre des troupes et la quantité de chevaux destinés
pour l'équipage.

Aux distances ou éloignement des lieux d'où on doit tirer
les munitions, et pour les remplacer.

Avoir un état général de toutes les munitions des places
voisines.

Que les troupes soient munies de 10 coups avant qu'elles
joignent l'équipage ou qu'elles aient joint aux rendez-vous.

Que les boulets soient bien de calibre, aussi bien que le
plomb.

MUNITION POUR UN ÉQUIPAGE D'UNE ARMÉE DE 100,000 HOMMES.

Canon	de 12	6
	de 8	4
	de 4	70
		80

Affûts et avant-trains	de 12	7	
	de 8	5	89
	de 4	77	

Avant-trains de rechange 8

Armes des pièces complètes, composées d'une lanterne,
1 écouvillon, 1 refouloir, 4 leviers aux pièces de 12 et de
8, et seulement 2 aux pièces de 4.

1 tire-bourre et 8 leviers de rechange.

Coins de mire 180

Boulets { de 12, 100 par pièce 600
        de 8, 120 par pièce 480
        de 4, 150 par pièce 10,500

Gargousses { de 12 60
           de 8 45
           de 4 700

Cartouches { de 12 60
          de 8 45
          de 4 700

Poudre { pour le canon   34,000 } 106,000
       pour les troupes   72,000 }

Plomb 72,000
Mèche 1,500
Pierres à fusil 240,000
Grenades 250

Outils à pionniers { pics-hoyaux 2,000
               bèches 5,000
               écoupes 1,000

Outils tranchants { serpes 1,200
              haches 500

Outils à mineurs.

Outils à charpentiers, charrons, chaudronniers, tonneliers.

Cordages { Alonges 6
         Cable de chèvre de rechange . . 1
         Prolonges 20
         Travers 40
         Commandes 20
         Paires de traits 20
         Menus cordages . . . . 20 livres.
         Ficelle . . . . 20 livres.

Des cinquenelles et autres cordages, selon le besoin qu'on prévoit dans la marche.

ARTIFICES ET MENUS ACHATS.

Salpêtre . . . . 150 livres.

Soufre . . . . 60 livres.
Chaudière et son trépied 1
Mortier de fonte, à piler 1
Fusées à grenades. 300
Baguettes à charger fusées 50
Tamis de soie et de crin. 2
Égrugeoir, gamelles et maillets. 12
Vieil oing 2,000
Flambeaux de cire. 50
Bougie 20
Lanternes sourdes et claires 15
Étain pour soudure 30
Plomb pour soudure 20
Poix raisine 20
Fil à coudre 2
Bottes de fil de fer. 2
Fer neuf d'échantillon 4,000
Acier de Hongrie 100
Cloux de toutes sortes 150
Peaux de mouton passées à l'alun 20
Chandelles. 420
Charbon (au moins une voiture pour les forges).
Cuivre jaune et en planche 8
Sacs à terre. 200
Grosse toile. . . . . 10 aun.
Crics 2
Pontons tout équipés suivant le besoin ; ordinai-
    rement on en mène 20
Haquets de rechange, garnis. 2
Cabestans. 2
Rames 4
Ancres 2

BOIS ET REMONTAGE.

Limonières 22
Essieux de bois 21

Jantes 30
Boîtes, grandes et petites. 20
Essieux de fer 20
Roues de charrettes, de rechange 20
Forges complètes 2
Pieds de planches en feuilles. 100
Roues de 12 1
      8 1
      4 1

BRIGADES.

On numérote ordinairement les pièces par première, deuxième, troisième brigade; le plus ancien provincial a la première, et les autres suivant leur ancienneté.

Cet état sera divisé en 8 brigades; la brigade du parc aura les pièces de 12 et de 8, qui sont 10 pièces.

BRIGADES DU PARC.

1 charrette composée de { pics-hoyau . . . . . 100 / bêches 200

6 pièces de 12 montées et 4 pièces de 8 avec leurs armes, un essieu ébauché de 12 et de 8, une chèvre, une roue, un affût de 12 et de 8 de rechange.

6 charrettes de 100 boulets de 12 sur chacune.

1 baril de 10 cartouches. 4 jantes. 8 rayes.

1 limonière et 2 barils de mèches.

3 charrettes de 160 boulets de 8 chacune.

1 baril de 15 cartouches. 4 jantes et 8 rayes.

1 limonière, 1 roue de charrette.

1 baril de 50 livres de mèche.

10 charrettes de poudre. 4 barils de gargousses de 12 et 4 barils de gargousses de 8, bien numérotés.

RÉCAPITULATION DE LA BRIGADE DU PARC.

6 pièces de 12.

7 affûts de 12 avec leurs avant-trains et leviers et armes complètes.

1 tire-bourre.

1 avant-train de rechange.

2 limonières d'avant-train.

1 roue de 12.

1 roue de 8.

2 roues de charrette.

22 coins de mire.

44 leviers.

1 essieu de fer.

1 essieu de 12.

1 affût de 8.

4 jantes.

8 rayes.

2 prolonges.

300 outils { 200 bèches.
{ 100 pics-hoyaux.

1,000 livres de poudre.

40 gargousses de 12, en 4 barils.

40 gargousses de 8, en 4 barils.

600 boulets de 12.

480 boulets de 8.

60 cartouches de 12, en 6 barils.

45 cartouches de 8, en 3 barils.

200 livres de mèche, en 4 barils.

20 charrettes, pour porter les munitions.

Pour le tout, chevaux. 166

MUNITIONS DE PARC.

3 charrettes, 1,000 livres de poudre chacune.

92 charrettes de 600 livres de poudre, 600 livres de plomb. 1 baril de 2,000 pierres à fusil, les essieux de fer, 9 roues de rechange.

10 charrettes de 100 pics-hoyaux et 200 bèches et écoupes.

3 caissons de 400 serpes.

2 caissons de 250 haches.

2 caissons de cordages et 400 livres de mèche.

1 caisson. 1 baril de grenades. la chaudière, son trépied, les barils de soufre, de salpètre.

300 fusées à grenades et les outils à mineurs.

1 caisson pour le vieil-oing et chandelle.

1 caisson pour les autres menus achats.

4 charrettes de 4.000 livres de fer, les cercles, les pieds de planches.

2 charrettes de bois de remontage.

2 forges de campagne complètes.

1 caisson d'outils à ouvriers.

1 charrette de charbon.

1 caisson pour le pain.

1 caisson pour la chapelle.

8 charrettes pour les 8 brigades.

PONTONS.

20 haquets et pontons, madriers et poutrelles.

2 haquets haut-le-pied, madriers et poutrelles, ancres, 2 cabestans, rames, crocs, piquets et masses.

2 caissons pour les cordages et équipages de ponts, cloux de cuivre, cloux de fer à soufflet. 1 égouttoir. clavettes et mentonnières.

BRIGADE LÉGÈRE.

Les sept autres brigades seront également composées. c'est pourquoi il suffit de l'état d'une; il faut donc :

1 charrette d'outils qui marche à la tête, composée de 200 bèches, de 100 pics-hoyaux.

10 pièces de canon montées, avant-trains, armes complètes; l'avant-train embrêlé.

1 affût haut-le-pied et avant-train, sur lequel est une roue, un essieu ébauché. une paire d'arme complète. des leviers, 2 coins de mire, 1 tire-bourre, 1 essieu de fer pour les charrettes de la brigade, s'il s'en cassait un, avec une prolonge.

5 charrettes à boulets. 300 de 4. 1 baril de 20 cartouches, 2 barils de 50 livres de mèche.

4 jantes, 8 rayes, 1 limonière d'avant-train.

1 roue de charrette de rechange.

3 charrettes de 1,000 livres de poudre, 1 baril de 50 gargousses sur chaque charrette.

4 charrettes de 600 livres de poudre, 600 livres de plomb.

1 baril de 2,000 pierres à fusil pour les troupes, à portée de la brigade.

RÉCAPITULATION DES MUNITIONS D'UNE BRIGADE LÉGÈRE.

10 pièces de canon.
11 affûts et avant-trains.
1 avant-train haut-le-pied.
1 tire-bourre.
1 limonière.
1 roue à canon.
1 roue de charrette.
22 coins de mire.
24 leviers.
1 essieu de fer.
1 essieu de bois, pour affût.
4 jantes.
8 rayes.
1 prolonge.
300 outils à pionniers.
2 haches.
2 serpes.
3,000 livres de poudre.
150 gargousses.
1,500 boulets.
100 cartouches, en 5 barils.
100 livres de mèches, en 2 barils.
8,000 pierres à fusil, en 4 barils.
2,400 livres de poudre.
2,400 de plomb.

13 charrettes.
93 chevaux.

ÉTAT DES VOITURES ET CHEVAUX.

77 affûts ou pièces de 4. . . . . 308 c.
5 affûts de 8 30
7 affûts de 12 42
22 haquets 176
2 forges 12
15 caissons 60
224 charrettes 896
—————
Ce qui fait 381 attelages, ci . . . . 1,524 c.

On n'a point compris dans cet état les voitures pour le lieutenant-général d'artillerie, les autres lieutenants, le caisson
du trésorier et celui du contrôleur.

DES PAYS DE MONTAGNES.

Toutes les munitions à dos de mulets, et le canon tiré par
des mulets.

La poudre, en sachets, dans des barils de 100.

Le plomb, dans des caisses de 100.

Les boulets, dans des caisses non couvertes, qui contiennent
100 livres chacune, ou dans des sacs de jonc appelés savy.

Les outils, en paquets, de 25 chacun.

Les haches, de même.

Les serpes, dans des paniers.

Les pierres à fusil, dans des barils de 100.

Les menus achats, dans un caisson.

MARCHE D'UN ÉQUIPAGE.

Les officiers d'artillerie sont :

Le lieutenant-général d'artillerie et ceux en second.

Des commissaires provinciaux.

Des ordinaires et extraordinaires.

Des pointeurs et des aides du parc.

Un garde du parc.

Un capitaine-général du charroi.

Un capitaine-général des ouvriers.

Les brigades distribuées aux commissaires provinciaux.

On choisit le plus entendu pour être le commissaire du parc.

Il faut que le garde du parc soit fort entendu et vigilant ; il a pour l'aider tous les aides du parc.

Chaque brigade aura un commissaire provincial, un ordinaire, un extraordinaire, un pointeur, un ouvrier charpentier ou forgeur, un capitaine de charroi et un conducteur.

Chaque commissaire provincial a un état des munitions de sa brigade, des voitures, des chevaux ou mulets, avec le nom du capitaine du charroi qui doit l'atteler. Lorsqu'on décampe, le major dispose les gardes.

DISPOSITION DE MARCHE.

Les équipages s'assemblent dans un lieu séparé, et même ceux de Royale-Artillerie ; n'ayant rien à craindre, on fait marcher une brigade à la tête, ensuite les équipages, et puis le reste de l'artillerie, mais si on prévoit la rencontre de l'ennemi, les équipages marcheront dans le centre.

MARCHE ORDINAIRE.

A la tête, le capitaine de charroi avec 50 travailleurs, suivis de la première brigade, la seconde, troisième et quatrième. Les commissaires provinciaux pourront faire marcher leurs charrettes d'équipage après la charrette composée.

Ensuite la brigade du parc, les caissons des menus achats, celui des outils à ouvriers, les forges, le bois de remontage, charbon, fer et autres ; puis les charrettes composées suivent les pontons.

Après, suivent les trois autres brigades.

Chaque brigade aura 10 soldats commandés par un sergent, pour relever les voitures qui verseront, et pour empêcher d'être coupées par les équipages de l'armée. Ces dix hommes resteront à un défilé jusqu'à ce que toute la brigade soit passée, pour avertir les dix de la brigade suivante. Le commissaire provincial marche à la tête de sa brigade, s'il le juge à propos; un commissaire à la queue, pour faire suivre; les autres font suivre et prennent garde aux mauvais passages.

L'ouvrier détaché se tiendra à sa brigade et les autres aux forges; les charretiers régulièrement à leurs chevaux.

On mettra des pelotons de distance, le long de la brigade du parc; il faut deux conducteurs pour le parc, et pour les pontons deux aussi.

Lorsque la tête arrête de l'artillerie, pour quelque cause que ce soit, il faut doubler, si le terrain le permet.

On fera une halte quand on le jugera à propos; mais dans un endroit, s'il se peut, où il y a de l'eau.

Le commissaire du parc et les officiers qu'il a sous lui, ne doivent partir qu'après que toutes les brigades sont en marche; pour lors ils s'avancent à leurs brigades du parc.

Quand on a des passages de rivières, on fait marcher les pontons à la tête.

Le major a à reconnaître le lieu où on doit parquer, et un conducteur vient au-devant de l'équipage pour l'y conduire.

PARQUER.

Pl. 40.

Tout le canon sur une ligne, brigade par brigade, les deux pièces de 12 dans le centre, un peu avancées.

A quarante pas derrière, les munitions des brigades.

A quarante pas derrière, les charrettes composées de poudre, outils à pionniers et tranchants.

A quarante pas derrière, les pontons.

Observant un grand pas de distance entre chaque affût et charrois.

Les forges, les bois de remontage, caissons d'ouvriers, charbon et fer, vont au parc.

Des ouvriers faisant chacun des parcs, séparés selon leurs travaux.

Les officiers campent à part.

Les chevaux ont aussi leur parc, observant de ne les pas mettre devant les troupes, de crainte des parties, mais assez éloignés du parc, pour éviter que le feu, s'il prenait à leurs fourrages, ne se portât aux poudres.

SERVICE DES BRIGADES.

Les brigades roulent pour la marche, c'est-à-dire que celle qui a marché aujourd'hui à la tête, prend la queue demain, et celle qui était la seconde se trouve à la tête, et cela pour que les officiers ne soient pas toujours à la queue, et soulager les chevaux qui se trouvent fort fatigués quand ils marchent toujours derrière.

DE L'ARRANGEMENT DES MUNITIONS.

Ce sont les commissaires et garde du parc avec les aides, qui ont soin de l'arrangement des brigades et de leurs munitions, et le commissaire provincial ne doit s'en aller qu'après que sa brigade est parquée. Si l'on marche le lendemain, c'est le commissaire du parc qui donne l'état de la marche des brigades.

DES GARDES.

Le commissaire du parc fait poser des sentinelles aux extrémités de chaque ligne et au centre. De la première on les envoie à qui est dû, et personne ne doit entrer dans le parc sans la permission du commissaire du parc, ou du garde. On met aussi une sentinelle aux ouvriers : un officier de chaque brigade visite sa brigade pour examiner et faire accommoder ce qui y manque, et s'il n'y a rien de perdu. Le commissaire du parc et le capitaine des ouvriers font leurs visites sur-le-champ, surtout si on doit marcher le lendemain. Le commissaire du parc commande un conducteur avec un piquet de chevaux, ordinairement un attelage par chaque 100 de chevaux qui sont relevés toutes les 24 heures et remplacés s'ils marchent.

Dans les montagnes où il faut décharger les munitions, les boulets se mettent en tas, s'ils ne sont pas en caisses, en pile lorsqu'on reste campé, les caisses en piles les unes sur les autres; de manière que plusieurs mulets chargent ensemble et en même temps; les outils s'empilent aussi par paquets, les poudres s'engerbent sur des bois quand on en a; ou les couvrent de couvertures ou de tentes.

Lorsqu'il vient des troupes prendre des outils et autre chose elles se tiennent loin, et les aides du parc avec quelques soldats transportent sans confusion ce qu'on demande.

DEVOIRS D'UN COMMISSAIRE DU PARC DANS UN ÉQUIPAGE DE CAMPAGNE.

Il faut qu'il soit exact, vigilant et d'un grand ordre; ancien, brave, il a quelquefois une brigade et ne devrait cependant être jamais détaché du parc.

Il doit avoir sous lui un garde entendu, tous les aides du parc et même quelques commissaires si cela se peut.

Il faut qu'il ait un état de toutes les munitions, des charriots, charrettes, etc., et des chevaux.

Qu'il ait un registre ainsi que le garde, où l'inventaire des munitions soit écrit, et voit si toutes les munitions qu'on lui remet, sont bien conditionnées, et surtout que les boulets, bombes et plomb soient de calibres.

On ne distribuera rien sans son ordre, et ce qu'il recevra sera écrit en remise, et ce qui se consommera sera écrit en consommation jour par jour, dont le garde tirera ses décharges, fera visiter toutes les munitions pour radouber ce qui en aura besoin et rebattre les barils à poudre et de plomb, s'il est en baril; fera remplacer le charbon, cercles, bois de re-

montage et menus achats, qui se consommeront journellement,
et rendra compte souvent au lieutenant-général de l'artillerie
de l'état du parc : aucun ouvrage ne doit se faire dans le parc
sans sa permission.

Il aura soin que les chevaux soient bien entretenus, surtout d'avoine, sinon en avertir le commandant de l'artillerie ; il fera atteler le charroi de la quantité de chevaux
nécessaire.

L'ORDRE GÉNÉRAL POUR LE SERVICE DE L'ARTILLERIE LE JOUR D'UNE BATAILLE.

Se trouve dans les ordonnances qui concernent le régiment Royal-Artillerie.

DES PONTS.

Pl. 40.

[Chaque haquet ayant 12 madriers de sapin d'environ 10
à 12 pouces de large et 8 poutrelles de 16 pieds 3 pouces de
long, un ponton doit ouvrir 10 pieds de rivière ; on n'emploie
que 6 poutrelles par ponton, les deux autres étant de rechange,
ou pour faire un avant-bout.

Pour faire le pont on posera un ponton à 5 pieds du bord,
avec 6 poutrelles et 12 madriers ; le second ponton à 5 pieds
du premier, avec 6 autres poutrelles et 12 madriers, et si la
rivière n'a que 25 pieds, il ne faudra plus que l'avant-bout que
l'on trouvera sur le haquet haut-le-pied : ainsi 2 pontons suffiront pour 25 pieds.

4 pour 45, 5 pour 55, 6 pour 65 ; en augmentant de 10
pieds en 10 pieds, on connaîtra la quantité nécessaire pour une.

Sachant sa largeur géométriquement ou autrement, ayant
toujours un haquet haut-le-pied, pour le second avant-bout.
L'officier détaché pour construire un pont, ayant reconnu la
largeur de la rivière, demandera la quantité de pontons qu'il
aura jugée nécessaire pour le pont.

1 haquet haut-le-pied, cinquenelles, commande et selon le

besoin, écharpe, ancre, cabestan, levier, piquets de chêne, crocs, rames, herse, charrette d'outils, avec l'équipage des ponts, un charpentier, un charron, un chaudronnier, un forgeur, un détachement de soldats au moins de 30 hommes, le caisson où sont les menues garnitures du pont, comme cordages, outils à chaudronnier, étain, plomb pour soudure, poix-résine, quelques planches de cuivre, clous de cuivre et de fer à soufflet, pour clouer les planches de cuivre qui auraient pu se détacher des plats bords; choisir le terrain de l'entrée du pont et de la sortie la plus convenable, accessibles, sans marais ni fossés, ce que l'on peut éviter en posant le pont plus haut ou plus bas.

Ayant déterminé l'emplacement du pont on fera une rampe très douce qui se terminera au niveau des poutrelles sur les ponts.

Pendant qu'on travaille à la rampe on passe une prolonge, alonge, cinquenelle ou combleau, à travers la rivière, que l'on arrête à un arbre ou grosse pièce de bois enfoncée, par un nœud de batelier et de l'autre côté en deça, à un cabestan arrêté par 4 piquets pour bander la cinquenelle.

La cinquenelle bandée, on met les pontons à l'eau au-dessus de la cinquenelle pour la faire passer dessous, et pour les y amarrer avec les commandes. on pose les poutrelles et les madriers qui achèvent le pont.

Si le terrain est mauvais on fait un chevet de fascines sous les poutrelles, et plusieurs lits de fascines plus large que le pont pour rendre la rampe commode, et pour assurer les avant-bouts, le tout bien piqueté.

Si la rivière est fort rapide, il faudra se servir d'ancre le moins qu'on pourra, que l'on attachera à la cinquenelle parce que les ancres font baisser les bouts des ponts. Aux rivières rapides il faut que les ponts soient un peu courbés et que le bombement soit au courant.

Pour contenir les pontons on amarre un cordage en croix d'un ponton à l'autre, ainsi qu'au rivage à des piquets, ce que l'on appelle écharpe; pour lors il ne faut qu'une cinquenelle; mais quand on ne met point d'écharpe il faut **2** cinquenelles l'une au-dessous et l'autre au-dessus du pont.

Le pont fait, les ouvriers le visitent, particulièrement les chaudronniers, de crainte que le pont ne fasse de l'eau ; on pourra avoir quelques pompes ou égouttoirs.

On mettra 2 sentinelles à chaque bout du pont pour empêcher l'embarras ; les cavaliers de trotter, et faire marcher les voitures à quelques distances l'une de l'autre, les bœufs les uns après les autres.

Les ponts se relèvent en commençant par le ponton le plus éloigné.

Les madriers et poutrelles s'appellent garnitures du pont.

On met une garde à la tête du pont, qui est ordinairement les soldats qui y ont travaillé ; si ce n'est qu'on ne veuille une garde plus considérable ; et comme souvent on fait un retranchement à la tête du pont il sera toujours bon de faire suivre l'équipage, d'une charrette de 300 outils.

PONTS DE CHEVALETS.
Pl. 41.

Les chevalets se font avec des pièces de bois de 8 à 9 pouces et de 18 pieds de long, qui sont entaillées à queue d'aronde à 2 pieds 1/2 du bout ; pour placer les pieds que l'on écarte à proportion de la hauteur qui ne doit pas passer 6 pieds de haut, il faut pourtant se régler au terrain qui peut être inégal et vaseux.

Les chevalets posés, on place les poutrelles en assez grand nombre pour pouvoir mettre par-dessus des facines au lieu de madriers, et gazon d'herbe dessous. Ces ponts sont bientôt faits quand on a des matériaux à portée.

Ces ponts se font ordinairement sur des rivières où on ne peut pas se servir de pontons ou sur des ravins qui se trouvent à la tête du camp.

PONTS DE BATEAUX.
Pl. 41.

On fait un chevalet dans le milieu de chaque bateau, élevé d'un pied au-dessus des plats-bords ; on pose les poutrelles, les bateaux espacés tant pleins que vides , et éloignés suivant les poutrelles arrêtées aux chevalets par des taquets.

On couvre les poutrelles de madriers de sapin ou bois blanc, de 2 pouces d'épais, 1 pied de large et de 18 pieds de long.

Chaque bateau a son ancre avec deux cinquenelles bien fortes et bien bandées.

RADEAUX.

Pl. 11.

Ils se font avec des pièces de bois léger de 18 à 20 pieds de long et de 7 à 8 pouces d'équarrissage à côté les unes des autres, avec des pièces de bois traversant par dessus, qui les arrêtent; à mesure qu'on construit ce pont, on le retient avec des ancres, et on passe deux cinquenelles l'une au-dessus et l'autre dessous : ces ponts servent seulement pour l'infanterie.

PONT DE BATEAUX DE STRASBOURG.

Les bateaux ont, de long 45 pieds, de large 5, et de haut 2 pieds 1/2.

Les flèches des charriots 22 pieds de long.

Les poutrelles 26 pieds, et 5 pouces à 6 d'équarrissage.

Les madriers 2 pouces d'épais, 16 pouces de large, 18 pieds de long.

18 à 20 chevaux de paysans menaient ces bateaux attelés avec une prolonge en galère.

PARC ÉLEVANT UNE PLACE ASSIÉGÉE.

Le commissaire du parc ira avec ses officiers marquer le parc et le disposera de manière qu'il ne soit pas vu de la place, pas même des clochers, à moins qu'il n'en soit très éloigné. S'il y a quelque fond assez spacieux on s'en servira, en prenant garde d'être hors la portée du canon, et, que les débouchés et avenues en soient commodes.

On marquera le camp du royal artill. des officiers d'artillerie; celui des ateliers des différents ouvriers, celui des chevaux d'artillerie, qui doit être au moins à 100 pas du parc et le hangar pour les artifices. Le parc marqué, on parque chaque chose en son lieu, et si on se sert des charrettes de l'équipage de campagne, on les décharge pour les avoir libres pour les mouvements.

MUNITIONS POUR UN SIÈGE DE 15 JOURS.

Pièces. . .	de 33.	4
	de 24.	50
	de 16.	10
	de 12.	10
	de 8.	10
Affûts. . .	de 33.	6
	de 24.	60
	de 16.	12
	de 12.	12
	de 8.	12
Avant-trains.		120
Charriots à porter corps.		40
Armes complètes.	de 33.	6
	de 24.	70
	de 16.	15
	de 12.	15
	de 8.	15
Hampe de rechange.		150
Plates formes.	14 madriers. 1 heurtoir. 5 poutrelles.	100
Coins de mire.		250
Leviers.		600
Dégorgeoirs.		200
Boulets.	de 33.	3,600
	de 24.	45.000
	de 16.	9.000
	de 12.	9.000
	de 8.	9.000

Passe boulets de chaque cal.	. . . .	4
Mortiers.	de 12	20
	de 8	20
Pierriers.	. . . .	10
Affûts à mortiers.	de 12	25
	de 8 et entailles. . . .	25
Affûts à pierriers.	. . . .	15
Coussinets.	. . . .	25
Plates-formes à mortiers de 6 pièces.	. . .	55
Curettes.	. . . .	50
Crochets.	. . . .	60
Entonnoirs.	. . . .	30
Mesures de fer-blanc depuis 2 onces.	. . . .	80
Demoiselles.	. . . .	60
Couteaux de bois..	. . . .	60
Plateaux de pierriers.	. . . .	2,000
Pinces de fer.	. . . .	20
Bombes.	de 12.	12,000
	de 8.	6,000
Fusées à bombes.	de 12.	15,000
	de 8.	8,000
Grenades.	. . . .	15,000
Fusées à grenades.	. . . .	18,000
Chaudière de fer..	. . . .	2
Tamis.	. . . .	10
Baguettes à fusées.	. . . .	80
Maillets.	. . . .	40
Chassoirs.	. . . .	40
Gamelles de bois.	. . . .	30
Tables d'artifices..	. . . .	3
Égrugeoirs.	. . . .	10
Mortiers de fonte à piler.	. . . . . .	4
Scies à main pour scier les fusées trop longues.	.	6
Salpêtre.	. . . .	6,000
Soufre.	. . . .	10,000

Outils. . .	Pics-hoyaux.	20,000
	Hoyaux.	500
	Bêches..	20,000
	Escoupes.	4,000
	Pics à roc.	200
Outils tranchants.	Haches.	3,000
	Serpes.	8,000
Manches d'outils.		2,000

Outils à mineurs, ce que l'on jugera à propos.

Paniers à mineurs. 200

Outils à charpentier, à charrons pour faire travailler au moins 15 hommes.

Scies de long. 4
Passe-partout. . . . . , . . 3

Outils à tonnelier pour 4 hommes.

Bottes de cercles à poudre et plomb.. . . . 30
Mêches de vilbrequins. 15
Vrilles.. 12
Tire-fonds.. 6

Outils à chaudronniers, ce qu'il faut pour 2 chaudronniers, et selon la quantité de pontons.

Outils à forgeurs pour 6 forges complètes, charbon de terre, un charriot pour commencer.

Fer neuf de différents échantillons. 8,000

Si l'on a des étriers, susbandes à mortiers, chevilles ouvrières d'avant-train et des esses, ou pourra en porter par provision.

Clous de bandes de différent calibre. 1,000
Clous d'appliquage et autres. 1,000
Versillon gros et autres. 500
Paquets de limes. 10
Chèvres complètes. 8
Crics. 6
Triqueballes.. 4

Cordages.
- Traits paires. 200
- Travers. 20
- Prolonges doubles. 50
- Prolonges simples. 50
- Cable de chèvre. 10
- Menus cordages. 120

BOIS.

Essieux.
- de 33. 6
- de 24. 40
- de 16. 15
- de 12. 15
- de 8. 15

Rays 320
Jantes.. 160
Flèches. 12
Armons. 10
Empanons. 30
Épars.. 30
Entretoises. 20
Lissoires. 3
Sassoires. 10
Essieu de fer. 20

Paires de roues
- de 53. 1
- de 25. 4
- de 16. 1
- de 12. 1
- de 8. 1

Paires de roues de charrettes 15
Grilles à boulets 8
Planches de bois de sapin ou blanc 2,000
Tenailles de fer 8
Cuillères de fer. 8
Armes à l'épreuve, pour reconnaitre 20
Fourches de fer de sapeur (se font au parc) . . 50

MENUS ACHATS.

Vieil-oing	500
Chandelles	500
Tonne de poix noire	1
Tonnes de goudron	2
Bottes de fil de fer, de différentes grandeurs . .	4
Étain pour soudure	30
Poix résine	20
Cire jaune	60
Suif	150
Flambeaux	40
Paquets de cire jaune	12
Lanternes sourdes et claires	80
Feuilles de fer-blanc	100
Cuivre jaune	100
Peaux de moutons	100
Meule	1
Aunes de toile	60
Étoupes	40
Filasse	20
Gros fil à coudre	10
Rames de papier	10
Douzaines de cornes en feuilles pour lanternes .	3

Les caissons nécessaires pour fermer sous clef ces
menus achats.

Poudre	1,400,000
Plomb	100,000
Mèche	20,000
Pierres à fusil	150,000
Sacs à terre	80,000

L'équipage des ponts n'est point employé ; il sera aisé de
le trouver, par ce qui est dit plus haut.

Le nombre des chevaux et charrois pour les mouvements
du parc, selon la prudence du commandant et la nécessité.

OBSERVATION SUR CES MUNITIONS.

On ne met que 4 pièces de 33, à cause de leur difficile transport; mais ces pièces, avec quelques pièces de 24, perfectionnent bien une brèche.

Les pièces de 24 et 16, pour les batteries ordinaires et ricochets, pour lesquels on se sert aussi de petites pièces.

Les affûts, armes des pièces, avant-trains, etc., de plus que le nombre des pièces, pour remplacer ce qui se casse.

Les boulets, réglés à 60 coups par pièce par jour, quoi qu'elles en tirent ordinairement cent, mais c'est qu'elles ne tirent jamais toutes à la fois.

La même raison pour les bombes.

La poudre, réglée sur le pied des deux tiers du boulet, quoique souvent on ne tire que moitié, le surplus pour amorces, ce qui se perd et vole.

On pourra se dispenser de faire venir au parc toutes les poudres mais seulement au fur et à mesure de la consommation; en tous cas, ce qui restera sera remis dans la place.

On a mis autant de pics-hoyaux que de bêches, pour que le soldat travailleur emporte avec lui deux de ces outils, pour diligenter.

On a mis des pics à roc, parce qu'ils ne sont pas d'un grand usage en Flandre et dans une partie de l'Allemagne; selon le terrain on les augmentera.

On a mis des bois de remontage ébauchés pour faire diligence; s'il en manque, le capitaine des ouvriers en cherchera dans les forêts voisines ou ailleurs.

L'usage des menus achats se trouvera par la suite.

CHEVAUX POUR MENER EN PLUSIEURS VOYAGES TOUTES LES MUNITIONS CI-DESSUS INDIQUÉES.

4 pièces de 33, bien brêlées sur des charriots porte-corps, à 15 chevaux   60

               A reporter. . . .   60

Report. . . .	60
50 pièces de 24, sur charriots à 13 chevaux. .	650
10 pièces de 16 sur leurs affûts, à 13 chevaux .	130
10 pièces de 12 sur leurs affûts, à 9 chevaux .	90
10 pièces de 8 sur leurs affûts, à 8 chevaux .	80
6 affûts de 33, à 9 chevaux	54
60 affûts de 24, sur lesquels sont les 20 mortiers de 8, les 10 pierriers et leurs affûts bien baclés avec les chèvres et roues de rechange, à 9 chevaux.	540
20 mortiers de 12 et 25 affûts de fer, sur 23 charriots à 13 chevaux . . . . . · . . .	299
	1,903

CHARRIOTS POUR CHARGER LES MUNITIONS, OU PLUTÔT
VOYAGÉS.

Pl. 43.

100 plates-formes à canon et 55 à mortiers (charriots)	220
3.600 boulets de 33, à 40 par charriot	90
45,000 boulets de 24, à 50.	900
9,040 boulets de 16, à 80	113
9.000 boulets de 12, à 100	90
9,000 boulets de 8, à 150	60
12,000 bombes de 12, à 10 par charriot	1,200
6,000 bombes de 8, à 33 et 34.	180
15,000 grenades, à 300, entonnées	50
44,700 outils à pionniers, 300 par charriot . . .	149
5,000 haches et 8,000 serpes, à 344 haches et serpes par caisson.	32
2.000 manches	2
6 forges	6
Charbon	3
8,000 livres de fer	8
Clous, bandes, acier, versillon.	3
Cordages	3

Bois de remontage 10
50 armes à épreuve 1
Grilles et autres, pour tirer à boulets rouges. . . 2
1,400,000 de poudre. 1,400
100,000 de plomb, 7 barils par charriot 71
20,000 livres de mèche, entonnées de 300 par
tonne, à 4 tonnes par charriot. 17
15,000 pierres à fusil 2
Pour les autres choses, comme menus achats, etc. . 30
____

Total des voitures, outre les 1,903 chevaux . . 4,672

On fera attention que l'on mène les munitions en plusieurs convois, et lorsqu'il y en a un d'arrivé au parc, on en fait un autre; ainsi qu'il ne faut pas ce nombre de charriots, qu'on ne pourrait pas facilement rassembler, outre que l'on profite des rivières ou canaux, quand il y en a.

On voiturera d'abord les plus lourds fardeaux.

Il faut faire en sorte que la tranchée ne s'ouvre pas avant que l'artillerie ne soit arrivée, car si elle retarde par de mauvais chemins ou autres, les troupes à la tranchée crient et se plaignent de ne pas entendre le canon.

On envoie des officiers entendus aux convois.

On envoie des ouvriers avec les officiers détachés pour le convoi.

Les officiers détachés prendront garde que les boulets et bombes soient de calibre, et prendront garde de ne les pas mêler.

Les officiers du chargement observeront un grand ordre, et s'ils peuvent donner une carte à chaque charretier, de ce dont il est chargé, ce sera un moyen de vérifier toutes les munitions plus sûrement que par l'état général que l'on en fait.

On évitera, autant qu'il sera possible, de faire aucun mélange des munitions.

ARRANGEMENT D'UN PARC.

PL. 40.

On parquera tout le canon sur la première ligne, à mesure qu'il arrivera, observant de le mettre calibre par calibre.

A la seconde ligne, on mettra les affûts avec leurs avant-trains, à une distance raisonnable de la première, pour pouvoir prendre la pièce de dessus le charriot et la mettre sur son affût, après quoi on mettra le charriot à la place de l'affût.

Les boulets se mettront à la gauche, par tas, calibre par calibre séparés, de façon que deux voitures qui les chargent ne s'embarrasseront pas : il sera toujours mieux de les empiler, si on a le temps.

Les madriers pour plates-formes à canons, à l'endroit D, par 14 madriers et un heurtoir avec 4 ou 5 lambourdes, s'il y en a.

Les bois de remontage, en E.

Les mortiers et pierriers, sur l'alignement du canon A.

Les affûts de fer coulés et de bois, en G.

Les bombes, en H.

Les plates-formes à mortiers, en I.

Les outils à pionniers, en L, en pile et par espèce, et auprès les caissons, qui renferment les outils tranchants.

Les charrettes de transport, en MM, à portée des bombes et boulets.

Les officiers du parc, en N, avec les caissons des menus achats, sacs à terre et autres ustensiles.

Le plomb, mèche, pierres à fusil, en O.

Les grenades, en P.

S'il y a des pontons, ils formeront le parc en Q.

Le hangar des artificiers à part, pour éviter les accidents.

Les magasins à poudre éloignés du parc : les poudres engerbées. Ces magasins sont des carrés avec des fossés, les terres jetées en dedans ; des sentinelles aux entrées des magasins, avec des corps-de-gardes à portée, pour ne laisser entrer ni chevaux ni voitures, faire décharger des poudres dehors et balayer les entrées, de crainte des traînées.

Le piquet du parc sera campé le plus près du parc qu'il se pourra.

DEVOIRS D'UN COMMISSAIRE DU PARC A UN SIÉGE.

Il nommera les officiers qui sont sous lui au déchargement.

pour faire ranger les munitions, qui verront les lettres de voitures, pour vérifier s'il ne manque rien.

Feront un état des munitions arrivées, qu'ils remettront le soir au garde du parc pour l'enregistrer. Chaque officier aura un détachement de soldats pour l'arrangement, et pourra prendre pour cela les chevaux du piquet, aussi bien que les charrettes.

Le commissaire du parc placera le corps-de-garde et les sentinelles où il en sera besoin. Il donnera au capitaine-général du charroi un état des chevaux qu'il veut au piquet, pour tous les mouvements, dont une partie sera harnachée.

Lorsqu'il faudra mener des pièces en batterie, il en avertira le capitaine-général du charroi de bonne heure, pour qu'il reconnaisse le chemin et le fasse accommoder s'il est nécessaire, lequel, avec les autres capitaines du charroi, meneront les pièces en batterie qui leur seront indiquées.

Le commissaire du parc demandera tous les soirs, au major, le nombre de soldats du régiment royal Artill. dont il aura besoin pour les mouvements du parc.

Les pièces se mènent ordinairement la nuit aux batteries, à moins que par une situation extraordinaire on puisse les mener de jour, sans être trop exposé.

Quoique le major soit chargé d'avertir de ce qui manque aux batteries, le commissaire du parc pourra détacher un de ses officiers pour en aller faire l'état par batterie, ce que l'on fera le matin ou le soir, et s'il faut y envoyer des ouvriers, il l'ordonnera au capitaine-général des ouvriers.

Il se fera rendre compte tous les jours des munitions qui arriveront au parc et de celles qui en sortiront, pour en rendre compte lui-même au commandant, et que le tout soit enregistré très régulièrement.

Le commandant d'artillerie marque à la queue de la tranchée un petit parc ; s'il y a deux attaques, on fera deux petits parcs.

Le commandant du parc commande un des officiers pour le détail du parc, qui est composé ordinairement de poudre, plomb, sacs à terre, pierres à fusils, outils à pionniers et tranchants. qui ne se distribuent que par l'ordre du lieutenant-général de jour.

Il y aura aussi de la mèche, des armes, des pièces, leviers, coins de mire, bois pour mineurs, paniers et brouettes.

Les saucissons des batteries se feront aux petits parcs, des fascines de la cavalerie et infanterie. Il y aura des piquets rangés suivant leurs longueurs.

C'est au major à faire fournir des bois propres à faire des piquets, et même au commandant du parc de donner des voitures pour les aller chercher, si les troupes n'en fournissent pas assez.

Le capitaine du parc enverra les ouvriers nécessaires pour la construction des plates-formes dans les batteries.

Il fera bien embrêler les pièces, avant de les envoyer aux batteries.

Il fera faire des portières, fronteaux de mire et les mantelets roulants, si les ingénieurs en demandent.

Le capitaine du parc enverra chercher les bois nécessaires dans les forêts voisines et celui pour les mineurs, que l'on fera scier en long, de bonne heure ; les mineurs feront le reste. Si on prévoit des ponts de fossés à faire, il faudra se précautionner pour avoir du bois propre à cette construction ; on ne saurait en avoir trop. Ce sont ordinairement les ouvriers d'artillerie qui font ces ponts.

Il tiendra un état des chevaux tués allant aux batteries.

Lorsque la place sera rendue, il prendra l'ordre du commandant pour y remettre les munitions ordonnées de celles du parc, par les voitures de l'artillerie, et le garde du parc en retirera ses décharges.

Il détachera des officiers avec des soldats et voitures, pour aller ramasser dans les batteries et tranchées tout ce qui y sera resté, que l'on remettra en remise au parc, en marquant ce qui sera de service et ce qui sera défectueux.

Ensuite il fera ses états de remise et de consommation, et renverra avec beaucoup d'ordre toutes les pièces et munitions dans les places voisines, dont le garde du parc retirera ses décharges. Le capitaine-général de charroi et les conducteurs iront retirer les pièces et mortiers, pierriers et leurs affûts des batteries.

Après quoi le capitaine du parc remettra l'équipage de campagne dans l'état où il doit être et où il était avant le siège.

CONSTRUCTION DES BATTERIES.

Le chef des ingénieurs et le lieutenant-général d'artillerie doivent travailler de concert à l'emplacement des batteries, afin que le génie, en faisant passer des boyaux devant ne les rende pas inutiles.

Le premier objet est de ruiner les défenses, pour cela les batteries de 8 ou 10 pièces suffiront, disposées de façon qu'elles obligent l'ennemi à disperser ses feux; on en fera pour battre de front et obliquement, ou en écharpe.

Dans la construction des batteries, il faut faire diligence, mais il faut pourtant prendre garde qu'en se précipitant trop, on ne fasse une batterie que l'ennemi rasera en peu de temps; c'est pourquoi on commencera en même-temps plusieurs batteries, et on attendra qu'elles soient toutes en état pour les faire tirer ensemble, ce qui étourdira les assiégés, rassurera la tranchée et imposera à leur feu.

S'il y a des batteries plus tôt faites que les autres, à cause des terrains, on les masquera jusqu'à ce que toutes soient prêtes.

DIFFÉRENTES BATTERIES.

Celles que l'on fait en plein terrain, celles qui se font d'un boyau de tranchée.

Celles à redans, pour se couvrir de la place.

Celles que l'on fait sur le roc.

Celles dans les marais.

Celles que l'on fait à ricochet.

CONSTRUCTION EN PLEIN TERRAIN.

Le commandant de l'artillerie, avec les officiers à marcher, leur montre l'emplacement et ce qu'il faut battre : il faudra planter quelques piquets pour marquer l'épaulement parallèle, afin qu'à l'entrée de la nuit on puisse se reconnaître.

Les officiers de batteries retourneront au parc pour se munir de tout ce qui sera nécessaire, selon le terrain reconnu.

BATTERIE DE 10 PIÈCES.

Le commissaire provincial de batteries demandera 200 hommes qui se trouveront de bonne heure au parc, pour arriver à la tranchée avant la nuit.

Les officiers de cette batterie les y conduiront, après leur avoir fait prendre à chacun une fascine ordinaire, une bêche, un pic-hoyau ou des écoupes, si le terrain est sablonneux, au lieu de bêche.

Le commissaire provincial fera porter une mèche ou un cordeau de 200 pieds de long, à raison de 20 pieds par pièce.

Le commissaire provincial, à la fin du jour, tendra son cordeau bien parallèle à ce qu'il doit battre et le long duquel il fera poser des fascines ; courant ensuite à 18 pieds, si ce sont de bonnes terres, du côté de la place, il tracera aussi une ligne parallèle avec des fascines et son cordeau, puis une berme avec des piquets de 3 à 4 pieds seulement, de distance en distance, et terminera les bouts de l'épaulement aussi par des fascines ; si ce sont de mauvaises terres, il donne 22 pieds d'épaisseur à l'épaulement, ce pourtour de fascines s'appelle coffre.

Le coffre et la berme tracés, on fera marcher les travailleurs autour des bouts et du côté qui regarde la ville, observant beaucoup de silence et d'ordre, et ils travailleront le long de la berme, et à jeter les terres dans le coffre.

Les travailleurs ne doivent pas être trop près les uns des

autres, il peut en contenir le long des bouts et de la face environ 100, une partie des autres 100 hommes sera employée en dedans à jeter aussi des terres, et l'autre à aller chercher des saucissons et des piquets.

On ne met des travailleurs en dedans, que lorsque le terrain permet de s'enfoncer, et que l'enfoncement n'est pas préjudiciable et n'empêche pas de battre l'objet proposé, ce qui se fera suivant le jugement du commandant de la batterie, mettant le terrain bien de niveau, pour que les saucissons s'y trouvent; si le terrain ne permet pas de s'enfoncer il ne le faudra pas faire, mais prendre les terres dans le fossé ou de bien loin par derrière. Il faut travailler avec grande diligence, pour qu'à la pointe du jour on puisse être à couvert dans le dedans de la batterie, afin d'y manœuvrer.

La pointe du jour venue, on fera rentrer tous les travailleurs qui rapporteront leurs outils, qu'ils mettront en dedans par tas; s'il se faisait une sortie, il faudra faire retirer les travailleurs sans désordre avec leurs outils, pour pouvoir reprendre le travail après que les ennemis se seront retirés.

Le major sachant du commandant de la batterie qu'il lui faut 150 travailleurs pour relever les 200, et pour travailler pendant le jour, les fera commander pour se trouver au petit parc, où ils prendront des saucissons et piquets, et seront conduits par des officiers de la batterie pour recevoir ceux de la nuit. Si le terrain demande plus de monde on les fera commander; si les terres sont assez élevées pour travailler à couvert on fera venir 20 canonniers qui apporteront chacun une massue, une hache et une serpe; une scie peut être fort nécessaire.

Tous les canonniers travailleront ensemble à faire une rigole le long des facines courantes, pour y poser des saucissons bien alignés et enterrés de la moitié.

Pendant que les canonniers travailleront à cet ouvrage, les travailleurs jeteront des terres sur l'épaulement si on en peut prendre en dedans, et l'autre ira chercher des saucissons et des piquets dont on fera bonne provision et auxquels on travaillera sans cesse.

On a fait quelquefois des batteries avec de simples fascines, mais c'est un très mauvais ouvrage.

DES SAUCISSONS.

Pl. 44.

De 18 pieds de long et d'autres do 9 à 10 pieds, reliés les
uns et les autres de 9 en 9 pouces, avec de bonnes harts.

Quoiqu'on trouve des harts dans les fascines, il faut toujours en avoir de provision au petit parc; elles sont de chêne,
charme, noisetier, saule sauvage, ou autre bois propre à en
faire.

DES PIQUETS.

Pl. 44.

De 2 pieds 1/2 à 3 pieds de long et même 4 pieds, on les
mettra par tas au petit parc suivant leur longueur; si on peut
les mettre en paquets pour les envoyer aux batteries, cela sera
mieux.

On se sert d'abord des plus petits pour piqueter les premiers
saucissons; il faut qu'ils soient bien appointés, la tête coupée
carrément, pour être bien frappés avec la masse bien unie, et
sans crochets pour qu'ils s'enfoncent facilement; ceux de chêne
sont les meilleurs.

DES OFFICIERS D'UNE BATTERIE DE 10 PIÉCES.

1 commissaire provincial.   ⎫
1 commissaire ordinaire.   ⎪ 5 officiers qui composent
2 commissaires extraordinaires. ⎬   une brigade.
1 officier pointeur.   ⎭

Outre cela, il y a les officiers des travailleurs de l'infanterie
et ceux des canonniers.

Quand un officier du régiment royal artillerie fera une batterie, il pourra se régler sur cela pour avoir le même nombre d'officiers avec lui.

Les officiers d'une batterie ne la doivent point quitter qu'elle
n'ait tiré, si cependant c'est un terrain difficile et qu'il faille

5 ou 6 jours pour construire la batterie, le commissaire provincial ou le commandant, avec la moitié des officiers qu'il a sous lui iront se reposer, laissant le commissaire ordinaire, qu'il reviendra relever après son repos.

On ne saurait trop tôt avoir terminé une batterie : il y va de l'honneur et de la réputation ; mais il faut cependant que l'ouvrage soit bien fait et agréable à la vue.

DE LA CHEMISE.

Les canonniers élèveront la chemise jusqu'à trois pieds, observant de poser les saucissons bien d'alignement sur les fascines courantes, mettant les nœuds des harts en dedans, ils doivent faire entrer les bouts des saucissons les uns dans les autres, les piqueter entre deux harts, enfoncer les piquets à coup de masse jusqu'à tête perdue.

Lorsqu'on aura commencé un rang de saucissons, pendant qu'on le continue, on peut en commencer plusieurs de cette façon pour diligenter.

Que les saucissons ne soient pas tout-à-fait de même longueur pour que les joints ou leurs jonctions ne soient pas les uns sur les autres, ce qui fera une meilleure liaison.

Taluder la chemise pour qu'elle résiste à la poussée des terres : plus il y a de talu plus elle se soutient ; mais aussi un grand talu oblige à élever l'épaulement plus haut.

Lorsque les terres seront assez élevées, on marquera les embrasures.

DES EMBRASURES.

On laissera pour le dernier merlon 9 pieds, on marquera ensuite 2 pieds pour l'ouverture de l'embrasure, puis 18 pieds pour le second merlon, puis 2 pieds pour une seconde embrasure et ainsi de suite, il doit rester 9 pieds pour le dernier merlon après la dernière embrasure.

Deux piquets marqueront chaque embrasure entre lesquels et au milieu, on en mettra un autre pour marquer l'alignement du milieu de l'embrasure qui rencontre perpendiculairement l'objet que l'on veut battre; si l'on peut aller porter un piquet de l'autre côté de l'épaulement, on le fera. On donnera d'ouverture à l'embrasure du côté de la place, 4 pieds 1/2 de chaque côté du piquet pour faire 9 pieds, si l'épaulement n'a que 18 pieds de large, et s'il en a 22 on donnera 5 pieds 1/2 pour avoir 11 pieds d'embrasement.

Les embrasures tracées et les terres assez élevées, on travaillera de jour à continuer la chemise des merlons, sans trop s'exposer, garnissant de terre derrière, à mesure qu'on pose les saucissons.

On pourra aussi dégorger ou commencer à dégorger les embrasures, et pour cela on distribuera 2 canonniers par embrasure, qui travailleront à genoux s'il n'y a pas assez de terre pour les couvrir; ils jeteront les terres sur les merlons et feront l'emplacement des saucissons pour les joues.

Si on ne peut dégorger parce qu'on ne sera pas assez couvert, les canonniers tiendront les saucissons et piquets préparés pour la nuit suivante, selon que la batterie sera avancée; le commandant avertira le commissaire du parc de lui envoyer des plates-formes que l'on mettra à portée de la batterie pour les faire quand il sera temps.

Quand on enverra chercher des saucissons par des soldats, il y aura toujours un officier à la tête et à la queue pour empêcher qu'ils ne s'écartent.

Si les saucissons sont trop longs, on les coupe avec une hache ou serpe, mais on le fait plus vite avec une scie.

Le commandant de la batterie demandera au major, avant la fin du jour, les travailleurs dont il aura besoin pour la nuit; ils seront conduits à la batterie par des officiers d'artillerie qui les vont prendre au petit parc, où il se trouvera aussi vingt autres canonniers qui relèveront et qui recevront les haches, serpes, etc., pour en décharger ceux qui seront levés.

Le commissaire enverra les charpentiers nécessaires pour poser les plates-formes. ils y travailleront pendant que les canonniers, pour plus de sûreté, en travaillant aux joues des embrasures, se couvriront avec des gabions

farcis des fascines, qu'ils mettront à l'extrémité de l'embrasure.

Ils donneront du talus aux joues, approcheront bien les bouts
des saucissons contre les bouts de ceux de la chemise des
merlons, ôtant avec soin les branches qui saillent dans l'embrasure, garnissant bien les saucissons derrière, à mesure
qu'ils les piqueteront.

On fera monter des travailleurs pour bien égaliser les terres
sur les merlons, qui seront retenus par des saucissons du
côté de la place.

Les côtés, ou bouts de la batterie, seront aussi revêtus de
saucissons piquetés.

L'épaulement s'élève ordinairement de 8 à 9 pieds, quelquefois plus, selon les ouvrages qui découvrent le dedans de
la batterie.

Pendant toute cette manœuvre, on met le terrain en dedans, la batterie bien de niveau, élevant une pente pour les
endroits de la plate-forme que les ouvriers posent; ils commencent par mettre le heurtoir bien parallèle à l'objet qui
doit être retenu avec de bons qiquets du côté de l'épaulement.

Quand on se sert de lambourdes, on en met 5, sur lesquelles
on pose les madriers; les bouts des lambourdes se terminent
contre le heurtoir, placées dans une rigole, et l'entre-deux
des poutrelles bien rempli de terre.

Les plus courts madriers se posent les premiers. On met
14, 15 et 16, selon ce que l'on en a. Quand tous les madriers
seront posés bien de niveau sur leur longueur, et faisant ensemble une pente de 8 à 9 pouces, on les resserrera contre le
heurtoir avec deux bons piquets enfoncés derrière le dernier
madrier à tête perdue.

Si la plate-forme n'est pas assez longue pour le recul faute
de madrier, on l'alongera par un lit de fascines bien piquetées
et de la terre par dessus pour empêcher l'affût de labourer:
lorsque le terrain est ferme, on peut se passer de lambourdes,
donnant toujours la pente à la plate-forme et repérant les madriers avec des piquets comme on a dit.

Les plates-formes et lambourdes ont leur proportion.

Celles qui n'ont point de lambourdes ont aussi les leurs;
on verra cependant que celles à lambourdes doivent être plus
solides.

DES MAGASINS.

Pl. 45.

On en pourra faire 3 pour une batterie de 10 pièces, éloignés s'il est possible de 25 toises de la batterie et hors de l'é-
gout des boulets. Les boyaux pour y communiquer seront vis-
à-vis les merlons, on fera aussi d'autres boyaux pour communiquer du grand au petit en sûreté, blindant les petits magasins avec des fascines.

A mesure que les petits magasins se consomment on y rem-
place les munitions, c'est à-dire la poudre au moyen du grand.

Toute la batterie achevée, le commissaire provincial demandera le canon, que le capitaine de charroi amènera après
avoir reconnu le chemin et fait combler les boyaux de la tranchée qui seront dans le passage.

Avant que le canon arrive on fera bien nettoyer la batterie,
et le canon arrivé on le placera sur les plates-formes.

Tous les outils, fascines, etc.. se mettront à part pour les
rendre selon le besoin.

On mènera les pièces avec silence, et les charretiers qui s'en
retourneront ne feront point d'embarras avec les pièces qui arrivent, à quoi on doit prendre garde.

Après l'arrivée des pièces, la poudre vient, que l'on déchargera au grand magasin d'où on la distribue aux petits
magasins.

Les boulets ensuite à raison de 100 coups par pièce que
l'on posera à gauche des pièces.

Ensuite on enverra tout ce qui doit servir à la pièce, savoir : les armes pour chacune qui consistent en

1 Lanterne.
1 Refouloir.
1 Écouvillon.
6 Leviers.
2 Coins de mire.

1 Chapiteau.

1 Baril à bourse ou sacs à terre.

Quelques tonnes d'eau.

Du fourrage.

De la mèche.

Dégorgeoirs.

Quelques peaux fraîches pour couvrir les poudres des petits magasins.

1 Prolonge.

Il faut par pièce 2 canonniers et six servants pour chaque pièce; ils doivent arriver à la batterie une heure avant la nuit et apporter avec eux des saucissons avec des piquets.

Il faut blinder le haut de l'embrasure par un saucisson de 4 pieds.

Les canonniers feront leurs bouchons qu'ils mettront à la gauche des pièces.

Les boute-feu seront placés à côté du recul des pièces.

Lorsqu'on défoncera les poudres on remettra la chappe par dessus.

On ne souffrira aucun fumeur dans la batterie et encore moins proche les magasins.

Tout étant préparé, comme on l'a dit, on retirera les masques en dedans s'il est possible, car en les poussant dehors ils pourraient cacher l'objet que l'on veut battre et de plus prendre feu par celui du canon, et le communiquer à l'épaulement, ce qui est de la dernière conséquence.

On tirera à la pointe du jour, ce que l'on continuera jusqu'au soir avec vigueur, laissant cependant reposer les canonniers et servants, pour manger et pour laisser rafraîchir les pièces.

Il ne faut tirer qu'à la moitié du boulet et même diminuer de 2 livres lorsque la pièce s'échauffe.

Les canonniers et servants se relèveront tous les soirs et non le matin, afin qu'ils aient plus d'attention pour rétablir leurs embrasures, ce qu'ils ne feraient pas s'ils ne devaient pas y passer la journée suivante.

Si quelques merlons se renversent faute de n'avoir pas de talus, il faudra les rempiéter en leur faisant un contre-fort, c'est-à-dire en mettant des saucissons à quelques distances du

pied, mettant de la terre entre deux et continuer en talus
jusqu'en haut; il faut faire que les nouveaux saucissons n'empêchent les rouages d'approcher contre le heurtoir. Si le merlon est tellement en surplomb qu'on ne le puisse raccommoder,
il faudra masquer les embrasures, lever la chemise et en re-
faire une nouvelle pendant le jour, que l'on achèvera la nuit
aussi bien que les embrasures.

Il faudra remplir les fosses que les bombes pourront faire
sur les merlons.

Lorsque les canonniers arrivent à la batterie le soir, le commandant leur fera voir ce qu'ils ont à faire aux embrasures,
ce qu'ils exécutent la nuit se masquant avec les mêmes gabions
farcis ou autres; s'ils ont fait de bonne heure on enverra un
officier et un sergent au parc pour faire venir pendant la nuit
ce qui pourra manquer à la batterie.

L'officier qui doit être relevé, mandera au commissaire du
parc par un billet ce que l'on aura besoin pour que le détachement qui relève l'apporte, comme armes des pièces, piquets, saucissons, outils tranchants, masses, sacs à terre et haches. Si on est vu en rouage, il se faudra couvrir par un crochet ou épaulement au bout de la batterie.

BATTERIE EN SE SERVANT D'UN BOYAU.

Si le boyau n'est pas parallèle à la face que l'on peut battre,
il faudra le dresser avec le cordeau en dedans, remplir les vides avec des fascines et de la terre par-dessus; si ce boyau
n'est pas trop enfoncé, on se servira de son rez-de-chaussée
pour celui de la batterie et pour y poser les plates-formes,
sinon on le relèvera de ce qui sera nécessaire avec des fascines,
et la terre de l'excédant du fossé fera une partie de l'épaulement, que l'on achèvera en prenant des terres derrière sans
trop se découvrir et donnant assez de largeur pour le recul.

L'épaulement ayant son épaisseur et assez de hauteur, les
canonniers commencent la chemise de la façon que l'on a déjà
dit; s'il se trouve des gabions de la tranchée dans les endroits
où on doit faire les embrasures, il faudra les ôter avec soin.

Il faut, dans cette occasion, avoir un détachement qui ne fasse que voiturer des fascines, des saucissons et des piquets.

Dans le commencement de cet ouvrage, il faut avoir l'attention de ne point prendre de terre aux endroits où l'on juge que seront les plates-formes, parce que l'on aurait la peine d'y en remettre, mais on pourra prendre entre deux, pouvant remplir les trous que l'on fera avec beaucoup de fascines et de terres par-dessus.

Si les terres à côté ne suffisent pas, il en faudra prendre absolument derrière en faisant une pente, mais jamais de fossé, ce qui mettra le recul tout à couvert.

On rangera les travailleurs en plusieurs haies pour jeter la terre de main en main, ce que l'on fera de nuit si on est trop découvert pour le jour.

Des paniers à porter la terre, dans cette occasion, sont très utiles et même des sacs à terre ; on peut faire des fossés à droite et à gauche de la batterie, qui fourniront de la terre pour l'épaulement.

BATTERIE A RICOCHET.

Pl. 46.

Ces batteries se font avec les mêmes précautions que les autres, avec cette différence :

Que les plates-formes sont horizontales pour donner plus de facilité au recul des pièces qui tirent avec peu de poudre.

La genouillère, 4 pieds de haut.

Deux saucissons seulement aux joues, l'embrasure fort relevée sur le devant, les pièces ne tirant qu'à toute volée.

Ces batteries doivent être d'équerre sur le prolongement des faces des ouvrages ou des branches du chemin couvert.

Les pièces de 8 et de 12 sont ordinairement celles dont on se sert pour le ricochet, quoiqu'on puisse bien se servir des autres.

Le boulet doit tomber dans les ouvrages ou branches, et faire plusieurs bonds ou ricochets, ce qui incommode fort les ennemis.

BATTERIE DE CHEMIN COUVERT POUR BATTRE EN BRÈCHE.

Pl. 47.

Les batteries ci-devant n'étant que pour détruire les défenses, on fait celles-ci sur la crête du glacis aussitôt qu'on est logé dans le chemin couvert, et pour faire ces batteries on se sert ordinairement du logement qui est sur le glacis que l'on redresse s'il est sinueux ; ce que l'on fait en plein jour, et qu'on peut enfoncer si on le juge à propos.

Le commandant de cette batterie jugeant du nombre de travailleurs qu'il a besoin, les demandera ; mais comme il ne pourra donner que 12 pieds d'épaisseur à l'épaulement, n'ayant plus de canon à craindre ou fort peu, il ne lui faudra pas tant de travailleurs.

Si on est battu en rouages on pourra faire un crochet avec des gabions et de la terre, que l'on épaissira suivant les pièces de l'ennemi.

L'officier chargé d'une batterie de chemin couvert demandera le nombre d'hommes et de canonniers suivant son travail et les pièces dont elle est composée.

Il tracera la parallèle à ce qu'il doit battre ; s'il est obligé de faire une traverse dans le milieu de sa batterie pour se couvrir de ce qui peut les battre en rouage, il laissera un passage entre l'épaulement et la traverse qu'il fera blinder, pour communiquer aux pièces sans faire le tour de la traverse.

Il ne faut pas s'enfoncer plus bas que le fond du boyau de crainte d'avoir trop de terre qui embarrasserait le recul, il ne faut que s'élargir derrière soi et on en aura suffisamment pour l'épaulement.

Si on soupçonne une mine ou fougasse on fera faire un puits par les mineurs, pour tâcher de les éviter.

Il faudra ôter tous les gabions et les fascinages qui se trouveront dans les embrasures, et pour le faire plus sûrement, on fera tirer des grenadiers à droite et à gauche de la batterie, soit aussi pendant la construction de la batterie ou pendant que les canonniers chargeront.

On observera pendant cette construction par où les pièces

pourront passer et les boyaux qu'il faudra combler, ce qu'on rendra le plus commode qu'il se pourra pour que les pièces n'arrêtent pas dans cet endroit-là, soit qu'on les mène avec des chevaux ou des hommes.

On se servira de portières et on fera tirer bas et même par salve, ce qui ébranle davantage le mur.

Comme il est nécessaire de battre jour et nuit, il faudra avoir des lanternes sourdes et claires, marquer les coins de mire et mettre toujours les roues contre le heurtoir.

On tire bas parce qu'autrement les décombres empêcheraient de perfectionner la brèche.

Lorsque le pied et la brèche seront assez battus, ce que l'on connaît par les terres qui s'éboulent, on fait tirer les pièces de la droite et de la gauche de la batterie, en montant et descendant et perpendiculairement, sur les deux flancs de la brèche, ce qui fera tomber toute la chemise ; après quoi il n'y aura plus qu'à aplanir les terres.

On fait de pareilles batteries sur le chemin couvert pour en ruiner un flanc et pour faciliter le passage du fossé.

On fait aussi quelquefois de ces batteries dans les places d'armes et du chemin couvert pour battre en brèche avec les mêmes précautions.

BATTERIES DANS LES DEMI-LUNES, CONTRE-GARDES ET AUTRES OUVRAGES DÉTACHÉS.

Pl. 47.

On s'assurera s'il n'y a pas de mine dans l'ouvrage, en faisant un puits.

On reconnaîtra le passage du fossé, que l'on rendra solide pour passer les pièces.

On visitera la rampe de la brèche et on la rendra praticable avec des fascines, bouts de madriers, poutrelles, et tout ce qui pourra y convenir.

On tracera la batterie dans le boyau dont l'épaulement n'aura que 9 à 10 pieds d'épaisseur ou plus s'il est nécessaire ; les gabions et tonneaux servent beaucoup à ces sortes de batteries par leurs moyeux ou avant-trains,   beaucoup l'ouvrage, il ne faudra qu'avoir des paniers et sacs à terre pour les remplir, ce qui n'empêche pas que les travailleurs ne jettent des terres autant qu'ils pourront en déblayant les terres des parapets, pour le recul des pièces.

Les pièces se mènent à bras à ces batteries, c'est pourquoi il faut faire provision de prolonges, avoir un cabestan s'il est besoin, et on fera rouler les poudres.

BATTERIES A REDANS.
Pl. 47.

Ces batteries se font avec les mêmes précautions que les autres, la figure suffira pour la construction.

On fait ces sortes de batteries lorsqu'on est battu en rouage absolument, et que les traverses ne couvrent pas assez.

Une batterie qui a plusieurs traverses est appelée aussi à redans, mais improprement.

Dans les batteries à redans les pièces ne se trouvent pas alignées, puisque les unes avancent plus que les autres.

Les redans contiennent une ou deux pièces.

BATTERIE A FER A CHEVAL OU EN PORTION DE CERCLE OU BOMBÉE.
Pl. 47.

Voyez la figure; elles peuvent servir pour battre en plusieurs endroits à la fois, mais elles sont de peu d'usage.

BATTERIE A BARBETTE.
Pl. 47.

C'est d'aligner les pièces et de les espacer de manière qu'on puisse manœuvrer entre deux.

On fait à ces batteries seulement une genouillère de trois pieds de haut, et on les appelle toujours barbettes.

BATTERIE DE GABIONS.
Pl. 47.

Lorsqu'on est chargé de faire une batterie dans un marais ou sur un roc, on ne peut prendre de terre; on reconnaîtra l'endroit le plus prochain pour y en apporter et pour remplir les gabions avec lesquels on fera la batterie.

BATTERIE DE MARAIS.

Pl. 47 et 48.

Il faudra avoir des gabions de 4 pieds de haut et de 3 pieds de diamètre par la base, et de 2 pieds 1/2 par le haut, sinon on se servira des gabions de la tranchée.

On reconnaîtra l'endroit de la batterie.

On la tracera avec des piquets.

On demandera les travailleurs qui doivent être en plus grande quantité qu'aux autres batteries, à cause du transport des terres qui peut-être seront bien loin.

On fera un grand amas de gabions, fascines, saucissons et piquets, dont les moindres auront 4 pieds de long, et les autres 4 pieds 1/2 et 5 pieds, beaucoup de paniers et sacs à terre que l'on portera où on doit prendre les terres.

A l'entrée de la nuit on tracera la batterie avec un cordeau, commençant du côté de l'ennemi; et si c'est une batterie de 6 pièces, le cordeau aura 120 pieds, le long duquel on posera un rang de gabions qui seront environ 30. On pourra en mettre deux de plus, selon le diamètre des gabions. S'ils sont de 4 pieds de diamètre, on en mettra 5 rangs pour former l'épaisseur de l'épaulement, que l'on fera remplir, à mesure qu'on les passera, de terre, gazon, fumier, et de tout ce que l'on pourra, avec beaucoup de diligence; on remplira aussi les vides entre les gabions.

Les travailleurs se donneront les paniers les uns aux autres, et d'autres donneront les vides, ainsi que les sacs à terre.

Les paniers auront 4 anses, 12 pouces de haut, 15 de diamètre et 12 en bas.

Si l'on craint la mousqueterie, on avancera un rang de gabions devant l'épaulement, que l'on farcira de fascines pour se masquer.

Quand tous les gabions seront posés et remplis, ce qui sera la genouillère, on marquera les embrasures comme aux autres batteries en les marquant avec des saucissons aussi bien que les merlons, que l'on continuera avec des saucissons et de longs piquets remplissant les coffres des saucissons avec de la terre.

On pourra y faire quelques lits de fascines pour avancer l'ouvrage, mais si on a le temps on ne le fera point.

On donnera le talus au saucisson qui suivra celui des gabions.

Pendant qu'une partie des travailleurs portera les terres et remplira les merlons, l'autre servira à établir les plates-formes et à faire un solide dans le terre-plein de la batterie, y faisant placer des claies et fascines garnies de terres, sur quoi on posera les plates-formes, observant que la genouillère ne soit pas plus haute que de 3 pieds, et si elle était trop basse, on mettra un petit bout de saucisson pour l'élever.

On blindra ensuite les embrasures, puis on fera venir le canon, mais pour cela on rendra le chemin praticable en faisant un fascinage ou en faisant venir le canon sur des traineaux de 12 pieds de long garnis de planches par-dessous, de crainte qu'ils ne s'enfoncent dans le marais, on les fera tirer par des hommes, et on les remonte ensuite dans la batterie avec une chèvre que l'on y fait porter.

L'officier chargé de toute cette manœuvre doit mettre tout en usage pour que le canon arrive.

Comme on ne peut pas creuser pour faire les magasins, on fera de bons épaulements de gabions pour couvrir les poudres.

On fera un lit de claies, fascines, terres et gazons, par-dessus lesquels on mettra les poudres pour être sèchement.

Lorsque les pièces seront en batterie on enverra une heure avant le jour, retirer les gabions qui ont servi à couvrir les travailleurs pendant la construction de la batterie.

BATTERIE SUR LE ROC.

Les batteries sur le roc se construisent de la même manière, si ce n'est qu'on n'a qu'à égaliser la batterie, soit en taillant le roc ou en rapportant des terres sous les madriers des plates-formes.

Les gabions ne doivent avoir que 3 pieds de hauteur.

BATTERIE A BOULETS ROUGES.

Pl. 48.

Cette batterie n'est qu'une batterie à barbette, à laquelle, cependant, on peut faire un épaulement si l'on veut et s'il est nécessaire. La longueur de cette batterie, suivant la quantité de pièces que l'on a à servir.

On établira une grille à droite et à gauche, sous laquelle on fait un trou que l'on remplit de charbon de bois, de houille bien allumée, pour faire rougir les boulets que l'on a posés sur la grille, en pile, et recouvert de bois.

Les pièces de 8, de 12 et de 16 pouvant servir à cet usage, les pièces de 24 sont trop difficiles à cause de la pesanteur du boulet, et qu'il faut une cuillère double.

SERVICES DES PIÈCES A BOULETS ROUGES.

Après avoir mis la poudre dans la pièce, on y met au lieu de bouchon un gazon ou terre glaise, puis on écouvillonne la pièce.

Si on était obligé de se servir de fourrage, après avoir refoulé il faudra passer l'écouvillon mouillé dans la pièce avant d'y mettre le boulet, crainte qu'il ne soit resté de la poudre dans la volée.

Ensuite un servant prend un boulet avec des tenailles faites exprès, qu'il met dans la cuillère de fer double, dans laquelle on le porte devant la pièce où il y a un chevalet pour appuyer la cuillère en arrivant, et soulager le soldat, qui met le boulet dans la pièce étant à toute volée, et aussitôt on met le feu à la pièce.

DU SERVICE DES PIÈCES DANS LES BATTERIES.

On le trouve dans les ordonnances qui concernent le régiment Royal-Artillerie.

OBSERVATIONS A FAIRE POUR POINTER LE CANON.

Le canonnier observera si la plate-forme est bien faite, bien à niveau sur la largeur, si la pièce porte également sur les deux flasques, et si elle est plus d'un côté que de l'autre, la

mettra dans le milieu des flasques par le moyen d'un levier;
s'il n'y a pas un tourillon plus encastré l'un que l'autre, si les
fusées des essieux ne sont point trop menues à l'égard du trou
du moyeu, si les roues sont de même hauteur ou diamètre ;
souvent toutes ces choses empêchent de tirer juste et aussi
une seule, ce qui fait dire quelquefois mal à propos, que les
pièces sont folles.

Il y a cependant des pièces auxquelles on donne le nom de
folles, lesquelles sont mal alésées ou qui n'ont pas l'âme au
milieu.

La pièce doit être chargée et refoulée également.

On pointe toujours un peu plus haut que l'objet, si on est
loin, et le canonnier doit avoir le coup-d'œil juste et prompt
pour n'être pas longtemps à pointer, ce qui expose et retarde le service ; il doit voir son coup pour se corriger, s'il a
mal tiré.

Lorsqu'on tire la nuit, on marque l'endroit où doivent être
les roues, et celui où doivent être aussi tous les coins de mire,
ayant fait ses observations le jour pour tirer à peu près juste
la nuit. On s'est servi de quarts de cercles; mais comme il fal-
lait des lanternes qui, quoique sourdes, ne laissaient de se
découvrir, on les a négligées.

Dans les batteries fort exposées et près, on se sert de fronteau de mire ou de portières.

DU FRONTEAU DE MIRE.

Pl. 49.

On le pose sur la culasse et il couvre celui qui pointe en re-
gardant à travers le fronteau où il y a une fente pour cela.

DES PORTIÈRES.

Pl. 48.

La figure les fait voir, elles se mettent aux embrasures :
elles ont deux vanteaux avec un trou, dont la moitié est prise
dans chacun pour passer les hampes, lorsqu'on charge les
pièces.

Dans une bataille, le canonnier pointera le plus juste qu'il

pourra, ne s'agissant pas là de la plate-forme ; il tirera où il
lui sera ordonné, sans se servir de cheville lorsqu'on refoule :
car, cassant cette cheville, il faudrait du temps pour l'ôter,
pendant lequel la pièce deviendrait inutile.

PORTÉES DES PIÈCES

PIÈCES.	PORTÉES EN PAS COMMUN	
	De but en blanc.	A toute volée.
De 33.	600	6000
De 24.	800	6000
De 16.	800	8000
De 12.	450	5000
De 8.	400	4500
De 4.	300	3000

Ces grandes portées ne servent qu'à connaître la distance
que l'on doit observer du parc à la place.

DES MORTIERS.
Pl. 49 et suivantes.

Les mortiers se distinguent par le diamètre de leurs âmes ;
ils sont ordinairement de 18 pouces, 12, 8 et 6, et quoiqu'on
les nomme ainsi, ils ne laissent pas d'avoir quelques lignes de
plus de diamètre.

Ils se distinguent encore par leurs chambres qui sont de
différentes figures : elles sont cylindriques, concaves, coni-
ques ou en poires.

NOMS DES PARTIES D'UN MORTIER.

Culasse.
Lumière et bassinet.
Tourillons.
Astragale de lumière.
Premier renfort.
Plate-bande de renfort, anses et moulures.
Volée et ornements.
Astragale de collet.
Collet.
Bourrelet.
Embrasure.
Les points marquent l'âme et la chambre ; ce que l'on voit aussi par la coupe.

PROPORTIONS D'UN MORTIER DE 12 POUCES A CHAMBRE CYLINDRIQUE, APPELÉ MORTIER CYLINDRIQUE.

Diamètre de la chambre.	12 pouces.
Longueur de l'âme.	18
Épaisseur du métal.	2
Épaisseur au renfort.	2 p. 6 lig.
Longueur de la chambre.	9 6
Diamètre de la chambre.	5 6
Épaisseur à la chambre.	4
Longueur des tourillons.	28
Diamètre des tourillons.	8
La chambre contient de poudre.	6 livres.
La bombe de diamètre.	11 p. 8 lig.
Longueur de tout le mortier.	3 pieds.
Le mortier pèse.	1.450 liv.

MORTIER DE 12. CHAMBRE CONCAVE CONTENANT 8 LIVRES DE POUDRE.

La bombe, 11 pouces 8 lignes de diamètre.

L'âme { diamètre. . . . . 12 pouces.
       { longueur. 18
Le métal . épaisseur. . . . . 2 p. 6 lig.
Le renfort , largeur. 6
  —   épaisseur. 3
                { diamètre 8   8
La chambre { longueur. 7
                { épaisseur. 5
Les tourillons, longueur. 30
  —   diamètre. 8
Le mortier { longueur. . . . . 37 p. 6 lig.
             { pèse. . . . . 2,300 livres.

<h2 style="text-align:center">MORTIER DE 12 EN POIRE.</h2>

Longueur du mortier. . . . . 2 p. 11 p. 6 l.

Hauteur de la culasse. . . . 1 p. 1 p. 3 l.
Plate-bande et ornement. .   9   7
Volée   5
Astragale de volée. . . . .   «   8
Collet.   1
Bourrelet.   2
Épaisseur du dessous des tou-
    rillons à la culasse. . . .   4
                                ____
                                2 p. 11 p. 6 lig.

Longueur des tourillons. . . . . 2 p. 4 p.
Diamètre des tourillons.   7   6 l.
Hauteur de la chambre.   8   6
Diamètre de la chambre { au centre. .
                          { au collet. .   4   2
Longueur de l'âme. 1   6
Diamètre de l'âme. 1   «   5
Épaisseur du métal à la chambre de-
    puis le fond jusque sous les tourillons.   8   8
Épaisseur au côté de la chambre. . .   5
Épaisseur au renfort.   3   2

Épaisseur à la volée. . . . .   2 p.   6 l.
Épaisseur au bourlet.   2   9
La chambre contient de poudre. . . .   12 liv.

MORTIER DE 8 POUCES.

L'âme ⎰ diamètre. . . . .   8 p.   4 l.
       ⎱ longueur. . . . .   1 p. »   »
Épaisseur à la volée   1   4
Largeur du renfort.   4   8
Épaisseur au renfort.   1   8
Longueur de la chambre.   6   »
Diamètre de la chambre.   2   8
Épaisseur à la chambre.   2   8
Épaisseur du fond de la chambre sous
   les tourillons.   5   4
Longueur des tourillons.   18   8
Diamètre des tourillons.   1   8
La chambre contient une livre 3/4 de
   poudre.
Le mortier pèse 500 livres.

MORTIER DE 6 POUCES.

Diamètre de l'âme. . . . .   6 p.   6 l.
Longueur de l'âme.   9
Épaisseur à la volée.   1
Largeur du renfort.   3
Épaisseur du renfort.   1   6
Longueur de la chambre.   4   6
Diamètre de la chambre.   2
Épaisseur depuis le fond de la chambre
   jusque sous les tourillons.   4
La chambre contient
Longueur des deux tourillons. . . . .   2 pieds.

Ces mortiers ne sont guère d'usage qu'auprès d'un chemin
couvert, pour incommoder un ouvrage par quantité de petites
bombes.

MORTIER DE 18 POUCES.

Diamètre de l'âme.	18 p.	4 l.
Longueur de l'âme.	27	
Épaisseur.	3	6
Épaisseur au petit renfort.	3	9
Épaisseur au petit renfort.	4	
Diamètre à la chambre et au collet. . .	5	6
Longueur de la chambre en poire. . .	13	
D'épaisseur à la chambre.	7	
De hauteur à la chambre.	7	6
La chambre contient 12 liv. de poudre.		
Longueur des tourillons.	32	
Diamètre des tourillons.	9	
Longueur de tous le mortier.	4 p. 4 p.	

Ces mortiers ne sont plus d'usage, leur service et leur transport étant très incommodes.

DES OBUS.
Pl. 55.

L'obus est un mortier qui a ses tourillons au milieu pour jeter horizontalement des bombes de 8; étant monté sur un affût à rouage, il n'est guère d'usage en France. Cependant il cause un grand désordre dans les bataillons et surtout dans les escadrons.

Les Hollandais font des mortiers à tourillons, comme les obus qu'ils tirent sur des affûts de bois à flasques; dans les inventaires on ne les confondra pas avec les obus.

Les Hollandais montent aussi beaucoup de petits mortiers à grenades que les soldats servent, ce qui inquiète mais qui ne fait pas grand mal.

MORTIER A ÉPROUVER LES POUDRES.
Pl. 53.

Diamètre de l'âme.	7 p.	«	3/4
Longueur de l'âme.	8	10	

Diamètre de la chambre.	1 p.	10	lig.
Longueur de la chambre.	2	5	
La lumière éloignée du fond.	1	»	
Diamètre du mortier à la volée.	8	10	
Diamètre à la chambre.	4	8	1/2
Diamètre de la lumière.		1	1/2
Épaisseur à la bande.		10	
Longueur de la semelle.	16		
Largeur de la semelle.	9		
Épaisseur de la semelle.	1	6	
Diamètre du boulet.		7	

Anse sur le milieu de la volée.

Languette sous le mortier, à 45°.

Ce mortier est coulé avec sa semelle et monté sur un madrier retenu par des vis et des bandes de fer.

Il y en a d'autres qui ont les mêmes proportions en dedans
mais plus épais, et la semelle beaucoup plus grande, et par-
conséquent ces mortiers sont plus pesants ; ils n'ont pas besoin
d'être montés sur des madriers, mais les uns et les autres se
tirent sur une plate-forme bien de niveau.

DES PIERRIERS.

Pl. 51.

L'ancien à sa chambre, longue de..	8 p.	2 l.
Diamètre en haut.	3	6
Diamètre en bas.	2	3
Longueur de l'âme.	19	
Diamètre de l'âme.	15	
Longueur des tourillons.	18	

Le nouveau a sa chambre cône, qui contient
  de poudre, 2 livres 1/2.

Diamètre du cône. . . . ·	8	
Hauteur ou axe du cône.	6	
Longueur de l'âme. . . . . · .	20	6
Diamètre de l'âme.	12	5

Ce dernier jette ses pierres plus loin que le premier, ce qui
le fait préférer au premier.

ÉPREUVE DES MORTIERS.

On examinera si le mortier est bien sur ses tourillons.

Si les tourillons sont bien égaux dans leurs longueurs et leur diamètre.

Si l'âme est bien droite, ce qui est de conséquence pour le jet des bombes.

On grattera avec un chat pointu les endroits que l'on soupçonne chambrés.

Si on trouve des chambres ou cavités considérables, on ne l'éprouvera pas et l'on en fera casser les anses.

Lorsqu'on le veut éprouver, on le met sur un affût de fer coulé, le tout sur des madriers de 5 à 6 pouces si on en a; s'il n'y a pas d'affût de fer, on fait une fosse dans un terrain solide pour enterrer le mortier jusqu'au bassinet, et par-dessous les tourillons des bouts de chantiers en travers pour résister d'avantage.

DE LA CHARGE DU MORTIER POUR L'ÉPREUVE.

On emplit la chambre de poudre, laissant seulement l'espace nécessaire pour y mettre un petit bouchon de fourrage que l'on presse avec la dame.

On met par-dessus un grand gazon avec un pouce ou deux de terre pour remplir tout le fond du mortier, l'on bat ce gazon et cette terre avec la demoiselle, fortement, et puis l'on met la bombe bien au milieu de l'âme et l'on garnit le tour de la bombe entre elle et le mortier, de terre glaise, le plus juste que l'on peut en la pressant avec un couteau de bois.

La bombe doit être remplie de terre, de la pesanteur de ce qu'elle doit contenir de poudre; il faut prendre garde qu'elle ne soit ni cassée, ni fêlée.

Les mortiers de 8 s'éprouvent sur leurs affûts, ou en terre avec une livre de poudre dans la chambre et se chargent de même.

On amorce avec du poulvrin, puis on met le feu au mortier élevé à 45°.

Si on doute du mortier, même sans cela, on met une fusée à grenade sur la lumière qui est remplie de poudre que l'on contient avec un peu de terre grasse, après quoi on met le feu à la fusée et on se retire un peu loin. L'on réitère cette épreuve trois fois sans rien changer.

A chaque charge on visite le mortier.

La dernière salve étant faite on retire les mortiers, on bouche la lumière et on les emplit d'eau sans mouiller les dehors pour découvrir s'il y a quelques ouvertures ; s'ils se trouvent des évents ou chambre, ou rebute le mortier.

Si le mortier se trouve bien conditionné on le reçoit et on donne un certificat au fondeur.

DES AFFUTS A MORTIERS.

Il y en a de deux sortes, de bois et de fer coulé ; on fait de trois sortes d'affûts de fer, on fait aussi de trois sortes d'affûts de bois.

PROPORTION D'UN AFFUT DE FER COULÉ.

Pl. 51.

Longueur.	4 p.	9 p.	
Hauteur.		18	
Épaisseur par le bas.		5	6 l.
Épaisseur par le haut.		4	6
De talus ou dépouille.		1	
L'entretoise ou masse, hauteur.		12	
Épaisseur par en haut.		17	
Talus de chaque côté.		1	
Tourillons.		7	6
Largeur de tout l'affût au milieu.	2	1	
L'entaille, longueur.		5	
— hauteur.		4	
Susbandes.			
Étriers.			
Boulons d'étriers.			
Boulons de retraite, longueur.		5	

Chevilles du coussinet.
Coussinet, longueur. . . . .   2 p.
    —   En carré. . . . .   12 p.
Coins de mire, longueur   16
    —   largeur. ·   5
    —   hauteur.   4   6 l.
Coins de mire, longueur.   12
    —   largeur.   4
    —   hauteur   3
Coupé diagonalement.

AUTRE AFFUT DE FER COULÉ.

Voyez la figure. Pl. 54.

AUTRE AFFUTS DE FER COULÉ.

Voyez la figure. Pl. 54.

PROPORTION D'UN AFFUT DE BOIS POUR MORTIER DE 12.
Pl. 54.

Longueur des flasques . . . .   6 p.
Hauteur.   1
Largeur ou épaisseur . . . . : . .   8 p.
Longueur des entretoises.   1   8
Largeur dans œuvre.   1
Épaisseur des entretoises.   18
Largeur des entretoises.   10
Les entretoises assemblées à tenons fourchus ou doubles
tenons qui ont chacun un pouce six lignes.
Les entretoises encastrées d'un pouce, qui donnent 2 pieds
4 pouces de large, a tout l'affût de dehors en dehors.
Entaille des tourillons. . . . .   7 p. 1/2.
Les entretoises placées à un pied du bout des flasques.
Les bouts d'affûts arrondis, de 3 pouces.
L'entaille de dessous 4 po. 1/2 de long et de 3 po. 1/2 de
hauteur.

Un quart de rond sur les arêtes des flasques et sur celles des entretoises.

Deux sousbandes de 4 po. 1/2 de large et de 6 lignes d'épaisseur.

2 susbandes de même largeur et épaisseur, encastrées de leur épaisseur dans les tourillons, continuées sur les flasques jusqu'aux entretoises et encastrées avec une fleur de lys.

2 chevilles à tête plate sur chaque fleur.

4 crochets de retraite de 10 pouces de long et la fleur de lys 5 pouces.

2 boulons de travers rivés sur les bandes. des crochets de retraite d'un pouce à quinze lignes de diamètre.

AUTRE AFFUT A MORTIER DE 12 DE BOIS D'ORME.

Longueur du flasque	6 p.	
Hauteur du flasque.	1 6 p.	
Épaisseur du flasque		10 l.
Hauteur des entretoises	1	
Largeur ou épaisseur		9
Posés du bout à.		10
Hauteur des flasques aux entretoises. .		12
Le plus haut commence du bout à . .		13

L'affut arrondi.

L'entaille par dessous 3 pouces de haut et 4 pouces 1/2 de long.

Longueur des entretoises compris ce qui est encastré, 12 pouces d'encastrage, 1 pouce les tenons, 1 pouce 1/2 d'épaisseur.

2 Sousbandes encastrées de leurs épaisseurs dans les tourillons et sur les flasques, aussi avec une fleur de lys qui couvre l'arrondissement; les susbandes et sousbandes 4 pouces 1/2 de larges et 6 lignes d'épais.

2 Chevilles à tête plate sur chaque flasque, rivées par-dessous sur une bande encastrée; un croissant encastré sous les tourillons avec trois branches qui y sont soudées, l'une sous le tourillon, et les deux autres s'écartent en diagonales ser-

vant d'arc-boutant ; le tout cloué avec des clous à tête de diamant.

2 boulons d'entretoises, posés à 1 pouce des entretoises et à 5 du dessous, rivés sur les crochets de retraite.

Le chevet de 28 pouces de long sur 12 en carré, arrêté par 2 chevilles à mentonnières.

AFFUT DE BOIS DE 12, MASSIF.

Pl. 55.

Longueur. . . . . 6 pouces.
Hauteur. . . . . 1 p. 8 lig.
Largeur. 2   4

Les tourillons encastrés de 2 pouces plus que le demi-diamètre, ouvert de 8.

L'affût évidé par dedans selon la culasse du mortier.

L'entaille de dessous, 4 pouces 1/2 de long et 3 pouces 1/2 de haut.

Un coussinet de 26 pouces de long et 10 pouces en carré.

FERRURES.

2 Sousbandes encastrées dans les tourillons et dessus l'affût d'un pied, de 4 pouces 1/2 de large et de 6 lignes d'épaisseur.

4 Chevilles à tête plate, rivées dessous sur 1 bande de fer encastrée.

2 Susbandes.

2 Boulons rivés sur les crochets de retraite.

AFFUT MASSIF DE 2 PIÈCES DE BOIS POUR MORTIER DE 12.

Longueur. . . . . 6 pieds.
Hauteur. . . . . 1 p. 6 p.
Largeur. 2   4
Ouverture des tourillons. 8
Arrondissement de la tête de l'affût. . . . 2

Longueur de l'entaille. . . . .   5 p.
Hauteur de l'entaille.   4
Hauteur où se pose le coussinet. . . . .   1 p.
De la tête à l'élévation.   1
    aux tourillons.   8
L'affût creusé pour loger la culasse.
Le coussinet longueur.   2   2
D'équarrissage.   10

FERRURES.

2 Sousbandes encastrées, venant jusqu'au bout de l'affût avec une fleur de lys.

4 Chevilles à tête de diamant.

4 Chevilles à tête plate.

2 Susbandes de 4 pouces 1/2 de large et 6 d'épaisseur.

4 Crochets de retraite et 15 pouces de long, compris les fleurs de lys.

2 Boulons rivés sur les crochets de retraite.

1 Bandeau tout autour de l'affût dans lequel passe les deux boulons. Le bandeau, 3 pouces de larges et 3 lignes d'épais. cloué à tête de diamant.

2 Croissants avec leurs branches sous les tourillons.

2 Liens d'affût à travers lesquels passent 2 autres boulons.

4 Chevilles à mentonnière pour soutenir le coussinet posé à 5 pouces du bout.

AFFUT DE BOIS POUR MORTIER DE 9 POUCES.

Longueur. . . . .   5 pieds.
Hauteur. . . . .   10 p.
Épaisseur.   7
Longueur des entretoises.   1   4
Hauteur.   9
Épaisseur.   6
Largeur.   1   8

Les entretoises encastrées d'un pouce, à doubles tenons, chevillées d'une cheville de bois.

Ouverture des tourillons.

1 Quart de rond sur les arêtes.

L'entaille 4 pouces 1/2 de long. 3 pouces 1/2 de haut.

Les entretoises à 10 pouces du bout.

1 Coin d'entaille de 16 pouces de long et 5 pouces d'équarrissage.

FERRURES.

4 Crochets de retraite de 13 pouces, compris la fleur de lys.

1 Boulon à chaque bout rivé sur les crochets de retraite.

2 Susbandes et 2 sousbandes.

4 Chevilles à tête plate.

Cet affût peut servir aux pierriers.

AFFUT DE BOIS POUR MORTIER DE 8 POUCES.

Longueur.	4 p.	9 p.
Hauteur.		9
Épaisseur.		6
Longueur des entretoises.	1	4
Hauteur.		8
Épaisseur.		6

Encastrées d'un pouce à doubles tenons chevillées d'une cheville de bois.

L'ouverture des tourillons 4 pouces 1/2.

L'entaille longue de 4 pouces 1/2 et de 3 pouces 1/2 de hauteur.

Les ferrures comme à celui de 9 pouces.

AFFUT A MORTIER DE 6 POUCES.

Longueur.	4 p.	6 p.
Hauteur.		8
Épaisseur.		6
Longueur des entretoises.		15
Hauteur.		7
Épaisseur.		6
L'entaille des tourillons.	4	9

Les entretoises à 8 pouces du bout.

FERRURES.

Les mêmes que pour 8. mais moins fortes.

AFFUTS A PIERRIER ORDINAIRE.

Comme l'affût pour mortier de 9 pouces.

AFFUTS DE BOIS MASSIF POUR PIERRIER.

Longueur . . . . 5 pieds.
Hauteur . . . . 15 p.
Largeur 18
Largeur des tourillons 5
L'affût creusé pour loger la culasse du pierrier.
L'entaille 4 pouces 1/2 de long, hauteur 3 pouces 1/2.
Un quart de rond autour de l'affût.
Le coussinet de 18 pouces de long. 10 pouces en carré.

FERRURES.

1 Sousbande à queue de chaque côté.
2 Susbandes.
2 Boulons. avec 4 boulons de retraite.

AFFUT POUR PIERRIER CONE.

Longueur . . . . 5 p. 6 p.
Hauteur 18
Épaisseur 8
Hauteur du flasque à l'entretoise 12
Longueur du bout à l'élévation 13
Ouverture des tourillons 5
Les flasques arrondis de 2.
L'entaille 4 pouces 1/2 de long sur 3 1/2 de haut.
Les entretoises placées à 8 pouces du bout.

Hauteur des entretoises 10, de large 8 pouces et de longueur compris les tenons 2 pieds.

Encastrées d'un pouce à doubles tenons.

2 Sousbandes de 3 pouces de large 6 lignes d'épaisseur encastrées jusqu'au bout de l'affût avec une fleur de lys.

2 Susbandes.

4 Chevilles à tête plate.

4 Chevilles à mentonnières.

Comme les tourillons n'ont que 20 pouces 1/2, ils se trouvent encastrés et couverts par dehors à leurs bouts.

Le coussinet 2 pieds 2 pouces de long, 10 sur 12 pouces d'équarrissage.

AFFUT A ROUAGE POUR MORTIER DE 8 POUCES.

Deux pièces de bois d'orme, longueur . . .   9 pieds.
Largeur . . . .   20 p.
Hauteur   18
Entaille pour loger le mortier de   21

Il faut que l'entaille soit faite de façon que le mortier soit horizontal sur son affût quand il est sur son avant-train.

Des tourillons au cintre, 2 pieds 2 pouces.

Du cintre à celui de la crosse, 3 pieds 8 pouces, la crosse 16 pouces de longueur.

L'affût élégi depuis le cintre jusqu'au bout de 1 pouce 1/2 avec une moulure.

FERRURES.

2 Heurtoirs.

2 Contre-Heurtoirs de 3 pouces de large et 6 lignes d'épais.

2 Boulons à tête de diamant.

2 Susbandes.

2 Chevilles à charnières.

1 Lien au cintre.

1 Bandeau à la tête de l'affût encastré sous les crochets de retraite.

1 grande Lunette dessous et une petite dessus.

1 Anneau d'embrelage.

1 Bandeau de crosse de 4 pouces de large, 3 lignes d'épais
servant de contre-rivure à 1 boulon.

DES ROUES.

L'essieu encastré perpendiculairement sous le tourillon en
allant vers la crosse.

		p.	p.
Longueur.		5	11
Largeur du corps.		2	7
Hauteur			7
Largeur			6
Diamètre des roues.		4	
Longueur du moyeu.			17
Diamètre. { au gros bout			11
{ au petit bout			9
{ au bouge			14
Longueur des mortaises		3	2
Rays. { face.		2	8
{ longueur de la patte		3	2
Jantes . { hauteur		4	10
{ épaisseur		2	6
Diamètre des boîtes. { du gros bout . .		6	
{ du petit bout . .		4	

FERRURES.

		po.	l.
12 Bandes, largeur		2	2
Épaisseur			5

120 Clous.

6 Liens simples.

2 Frettes.

2 Cordons.

2 Équignons.

2 Brabans.

2 Anneaux d'essieu.

Toute la ferrure pèse 500 livres.

L'avant-train comme pour les pièces de 4, mais les roues n'ont que 2 pieds 1/2 de diamètre.

Longueur du moyeu	14	pouces
Diamètre du gros bout	7	p. 4 l.
Diamètre du petit bout	5	4
Au bouge	9	
Longueur des mortaises	2	2
Face du rays	1	8
Longueur de la patte	2	6
Largeur	2	
Hauteur des jantes	3	
Épaisseur	2	3
Longueur du corps de l'essieu	2p. 9	
Hauteur	4	6
Épaisseur	4	
Diamètre des boites du gros bout	4	
— du petit bout	2	8
Hauteur de la sellette	10	
Épaisseur en haut	5	
en bas	4	
Longueur des limonières	8	9
Établage	6	
D'ouverture	2	6

L'entretoise 4 pouces sur 3.

10 Bandes de roues.

100 Clous.

4 Boîtes.

4 Cordons.

2 Says.

2 Étriers.

1 Plaque de sellette.

1 Cheville ouvrière.

2 Ragots.

4 Brabans.

2 Anneaux d'essieu.

2 Équerres d'entretoises de limonières ou deux joues.

2 Esses.

Le tout pesant 160 livres.

AFFUT D'OBUS HOLLANDAIS DE 8 POUCES.

L'*obus* longueur depuis sa volée jusqu'à la culasse, 2 pieds 9 pouces.

Longueur depuis la plate-bande de la culasse jusqu'au bouton, 7 pouces.

Toute la longueur de l'obus 3 pieds 4 pouces.

Calibre 8 pouces ou de 64.

Les chambres 3 pouces de diamètre.

Diamètre des tourillons 13 pouces.

Longueur de derrière les tourillons à la plate-bande de la culasse, 13 pouces.

Diamètre des tourillons 4 pouces.

L'AFFUT.

Longueur 7 pieds 6 pouces.

Hauteur à la tête 14 pouces.

Hauteur au cintre 13 pouces.

Hauteur au coude de la crosse 10 pouces.

Longueur de la crosse 13 pouces.

Hauteur de la crosse 10 pouces.

Epaisseur des flasques 4, élégies de 9 lignes.

Entretoise de volée, 4 pouces de large et 3 pouces 1/2 sur 4 d'équarrissage.

L'entretoise de mire d'équerre sur le cintre allant vers la tête 5 pouces sur 4 d'équarrissage.

L'entretoise de lunette 13 pouces de large, 4 pouces d'épaisseur, une petite semelle sur ces deux entretoises assemblée à queue d'aronde.

Entaille des tourillons 4 pouces.

FERRURES.

2 heurtoirs.

2 contre-heurtoirs de 2 pieds de long. 3 pouces de large, et 6 lignes d'épais.

2 chevilles à tête de diamant.

4 chevilles à tête plate.

4 boulons d'entretoises.

4 crochets de retraite.

2 susbandes.

4 bouts d'affûts.

4 liens de flasques.

L'*essieu* d'équerre sous les tourillons encastrée dans l'affût 1 pouce 6.

Longueur du corps 2 pieds 5 pouces, hauteur 6 pouces, largeur 5 pouces.

Moyeu. Longueur 17 pouces; diamètre au gros bout 12; diamètre au petit bout 10 pouces; diamètre au bouge 14 pouces.

Rays de face 2 pouces 8 lignes, longueur de la mortaise 3 pouces 2 lignes.

Jantes, hauteur 4 pouces 10 lignes, épaisseur 3 pouces.

Diamètre des roues 4 pieds.

Diamètre des boîtes du gros bout 5 pouces, du petit bout 3 pouces 10 lignes.

Ferrures des roues, 12 bandes. 120 clous.

12 liens doubles et simples.

4 frettes. 4 cordons, 32 caboches pour arrêter les cordons. 24 chevilles de liens.

2 équignons. 4 brabants, une maille d'équignon.

2 anneaux du bout d'essieu, 2 esses.

Le tout pèse 600 livres.

DES BOMBES DE 12.

Pl. 60.

Il faut qu'elles soient du poids déterminé; on a 3 lignes au-dessus ou au-dessous, elles doivent peser 130 ;

Qu'elles soient bien du calibre réglé, qui pourrait se vérifier par un passe-bombe plutôt qu'avec un compas courbe, et pour le poids on les peserait.

Il faut prendre garde si elle est bien vidée, si la lance est bien rompue au fond, car elle pourrait faire fendre les fusées ;

Si la lumière **est bien ronde et percée droite**, si le culot a son épaisseur et si elle est d'égale épaisseur dans le pourtour des cercles qui ont la lumière pour pôle, ce que l'on connaît avec un compas fait exprès ;

Que les anses soient bien posées.

Lorsque les bombes arriveront dans les places on les examinera de nouveau pour voir si elles sont conformes à l'état qu'on a fait.

DE LA CONSTRUCTION DES BOMBES.
Pl. 60.

On fait une grosse boule de terre du diamètre de la bombe.

Sur cette boule on moule une chape qui se partage en deux hémisphères.

Au milieu de cette chape on met une autre boule de terre du diamètre du vide de la bombe qu'on appelle noyau, lequel est soutenu par des chapelets de fer, le tout bien recuit. Ensuite on enterre cette chape avec son noyau dedans et on coule du fer qui occupe le vide qui est entre le noyau et la chape ce qui forme la bombe.

Le fer ne doit être ni trop chaud ni trop froid, le chaud est pour les boulets ; mais il faut s'il est possible un même degré de chaleur pour les bombes, autrement les unes seraient bonnes et les autres cassantes.

Les anses également distantes du centre de la lumière et parallèles et sans soufflures.

Il faut que la bombe soit bien ronde et bien ébarbée.

PROPORTIONS DES BOMBES.

	DE 18		DE 12		DE 8		DE 6	
Diamètres des mortiers	18	»	12	3 4 5	8	4	6	3
Diamètres des bombes.	17	10	11	10	8	»	6	»
Épaisseur	2	»	1	4	»	10	»	8
Culot	2	10	1	9	1	1	»	11
Diamètres de la lumière.	1	8	1	4	1	»	r	10
Pèse.	500		140		45		20	
Contient de poudre. . .	45		12 à 15		»		3	

CALIBRER LES BOMBES.

On les calibre avec un compas courbe pour voir si leurs
diamètres sont justes.

On pourrait avoir des passes-bombes.

Si l'on n'a pas de compas courbe on peut se servir de deux
plombs.

FUSÉES A BOMBES.
Pl. 60.

Les meilleures, de frêne bien sec sans nœuds ni flache ou
obier ; on soufflera dedans avant de la charger en bouchant
un des bouts ; faute de frêne on se sert de tilleul et d'orme,
mais point de buis.

On ne doit pas en faire une grande provision parce que les
vers s'y mettent, mais bien du bois propre pour les faire.

PROPORTIONS DES FUSÉES A BOMBES.

	DE 18		DE 12		DE 8		DE 6	
Longueur	10	»	8	»	6	»	5	»
Diam. { Au gros bout. .	1	10	1	8	1	4	1	2
Diam. { Au petit bout .	1	4	1	»	»	10	»	8
Diamètre de la lumière.	»	5 $\frac{1}{2}$	»	4 $\frac{1}{2}$	»	4	»	3

On fait un enfoncement sur le gros bout pour recevoir la composition quand on les charge.

DES GRENADES A MAIN.

Elles sont du calibre de 4 ou 3 pouces de diamètre.
Pesant 2 livres.
Contenant 4 à 5 onces de poudre.
La lumière 6 lignes de diamètre.
Il faut qu'elles soient bien vidées, la lance rompue, de fer aigre mais sans soufflures; il faut qu'elles soient un peu plus épaisses au culot.

FUSÉES A GRENADE.

Du même bois que les fusées à bombes.
Longueur. . . . .   2 p.   6 l.
Diamètre au gros bout.   10
Diamètre au petit bout.   5
Diamètre de la lumière.   2

USTENSILES POUR LA COMPOSITION DES FUSÉES.
Pl. 60.

Table pour égruger la poudre.

Table à mêler la composition.
Egrugeoirs de bois.
Mortier de fonte avec son pilon.
Chaudière avec son trépied pour raffiner le salpêtre.
Tamis de crin.
Tamis de soie.
Gamelle de bois.
Baguettes de fer.
Gros madriers ou billots pour charger.

MATIÈRES DONT ON FAIT LES FUSÉES.

Poudre.
Soufre.
Salpêtre.

AUTRE PLUS VIVE.

Poudre.   5
Salpêtre   2
Soufre   1

ON EN FAIT AUSSI :

De
{ 3 de poudre.
{ 2 de salpêtre.
{ 1 de soufre.

DE LA CHARGE DES FUSÉES.

On visite bien s'il n'y a point de nœuds ou de fentes, on passe la grande baguette dedans plusieurs fois.

On met de la composition dans une gamelle, ensuite on pose le bout de la fusée sur un billot, et avec une petite lanterne on met de la composition dans la fusée ce qui en pourrait contenir dans un dé à coudre, et avec la baguette de fer et un petit maillet on frappe sur la composition 5 ou 6 coups,

on lève un peu la baguette à chaque coup ou de deux en deux,
et on continue ainsi jusqu'à ce que la fusée soit pleine, mais
en frappant plus de coups en haut qu'en bas. La fusée à bombes de 12 doit durer jusqu'à 80 comptes, celles à grenades
25 à 30.

COIFFER LES FUSÉES.

On colle du papier gris par les deux bouts, et quand le papier est sec, on trempe ces bouts dans la cire jaune fondue
avec du suif. Il faut prendre garde que les artificiers chargent
bien les fusées; on les doit payer à la journée et non par entreprise, de crainte qu'ils ne se pressent pour gagner davantage; on essaiera quelques fusées de temps en temps pour voir
s'ils ne se négligent pas.

CHARGEMENT DES BOMBES.
Pl. 60.

Après les avoir bien visitées on les emplit avec un entonnoir.

On mettra ensuite la fusée dans la lumière et on la fait entrer en frappant avec un maillet sur un chassoir qui porte sur
la fusée, prenant bien garde que la fusée ne se fende. S'il se
trouve du jour entre la fusée et le fer on le bouchera avec de
la cire jaune mêlée de suif.

Il faut déchirer le papier du bout de la fusée qui entre dans
la bombe; il y a des bombardiers qui coupent ce bout en
sifflet.

Les bombes chargées, on les range dans le grand magasin
derrière la batterie la fusée contre terre.

CHARGEMENT DES GRENADES.

Les visiter pour rompre la pointe s'il y en a, souffler dedans pour connaître s'il n'y a point d'ouverture.

On les charge de poudre et l'on y met la fusée comme pour
les bombes.

Ceux qui les enveloppent de filasse et de gaudron font fort bien.

On ne doit pas en charger pour garder, car les fusées prennent le ver et la poudre s'altère, ce qui cause de grands accidents à ceux qui les tirent.

ARMES DES MORTIERS.
Pl. 61.

Il faut que chaque cadet ait son quart de cercle, ou son demi-quart de cercle, deux dégorgeoirs et son fourniment.

5 leviers.
1 demoiselle.
1 couteau de bois.
1 râcloire.
1 civière.
2 dégorgeoirs.
2 coins de mire.
Des mesures différentes.
1 balai.
De la mèche.
2 crochets à bombe.
De la terre.
2 boute-feux.
1 pelle.
1 pic-hoyau.
1 coussinet aux affûts de fer.
1 entaille aux affûts de bois.
Un coussinet fait bien mieux qu'une entaille.

BATTERIES DE MORTIERS.
Pl. 61.

Il n'y a point de différence avec celle du canon, si ce n'est qu'on ne fait point d'embrasures et qu'on peut s'enfoncer ; mais mettant toujours la batterie bien de niveau on peut se servir d'un boyau de tranchée ce qui l'avance beaucoup.

DES PLATES-FORMES.

Pl. 61.

Les madriers sont de bois de 6 pieds de long et 8 à 9 pouces d'équarrissage.

Le devant de la plate-forme placé à 3 pieds de l'épaulement et espacé de 6 pieds.

On fait les plates-formes en pente pour retenir le recul du mortier.

Bombées, qui se réduisent en pente en tirant quelque temps.

Horizontales, au moyen desquelles on tire où l'on veut, mais le mortier recule beaucoup, ce qui donne une grande peine aux bombardiers pour remettre le mortier en batterie.

DES MAGASINS.

On fera à 20 pas derrière de petits magasins pour la poudre de 4 mortiers en 4 mortiers dans lesquels on comuniquera par des boyaux; celui où se met les bombes sera un peu séparé, le grand magasin plus loin; on blindra les petits magasins avec des fascines et de la terre par-dessus.

DES BATTERIES DE PIERRIER.

Elles ne diffèrent en rien de celles des bombes; mais au lieu d'un magasin à poudre ou bombes, il sera de pierre: les cailloux sont meilleurs, les pierres se cassant: il faut aussi quantité de plateaux de bois; mais quand on n'en a point comme cela arrive assez souvent, on met une pierre un peu large au fond de l'âme du pierrier.

SERVICE DES MORTIERS.

Voyez les ordonnance du régiment Royal-Artillerie·

DES ARMES DE GUERRE.

Les armes ordinaires qui sont des fusils, sont du calibre

de 22 à 24 balles à la livre, mais depuis peu on les a réglés sur le calibre de 18 à la livre.

Le canon rond avec un seul pan qui règne depuis la culasse jusqu'à 3 pouces du guidon.

Longueur du canon 3 pieds 8 pouces.

Épaisseur à la culasse 16 lignes compris l'âme.

Épaisseur sur le devant ou diamètre, compris l'âme, 8 lignes 1/2.

Le calibre 7 lignes 3/4 pour que la balle des 18 à la livre ait suffisamment de vent.

La culasse double bien jointe dessus et dessous : la queue épaisse de 3 lignes proche du talon, venant au bout à 2 lignes.

Le talon une ligne 1/2 d'épaisseur par-dessous venant par-dessus de l'épaisseur de la largeur du pan du canon, lequel talon sera de 6 à 7 lignes de haut pour que la vis de la platine de derrière passe à travers du talon indépendamment de la vis de la queue.

Le bouton de la culasse soit au moins de 8 pas, dont les filets seront bien vifs et bien enfoncés, lequel bouton sera arrondi par le bout en tête de champignon, ouvert depuis le 6e filet, coupé jusqu'au bout en biais pour la communication de la lumière du bassinet. La queue de la culasse 2 pouces de long finissant en ovale.

Le canon garni de 4 tenons ajustés en queue d'ironde dont les trois de devant seront brasés, le 4e sera placé à 9 pouces de la culasse et se trouvera toujours dans le canal. Le guidon sera brasé à 20 lignes du bout, de manière que les baïonnettes s'y ajustent facilement.

Le canon du meilleur fer, doux et liant de 2 pouces 1/2 de large sur 5 à 6 lignes d'épaisseur au plus du poids de 14 à 15 livres qui sera plié en deux de la longueur de 3 pieds ou environ avec un coin de même fer de 17 à 18 pouces de longueur, mis entre les deux barres, laissant un bout pour former le derrière ou côté de la culasse ; que le tout ensemble soit bien soudé et corroyé au gros marteau ou massinet pour en former le canon qui doit peser 9 à 10 livres. L'ouvrier le soudra bien et le tournera de même sur la broche, et, de deux en deux chaudes, on donnera une troisième douce par augmentation : ce qui s'observera sur la longueur du canon. L'ouvrier fournira son canon tout soudé de 3 pieds 8 pouces 1/2 de long pour être foré par 20 forets au moins qui augmentent le calibre petit à petit, ensuite de quoi on passera la mouche dans le canon de bout en bout pour le dresser et le polir en dedans et pour le réduire à 7 lignes 3/4 de calibre : ce qui se connaîtra en passant dans le canon, de bout en bout, un dé ou mandrin de 3 pouces de long, bien tourné, trempé et poli, ce qui marquera égalité de l'âme.

Avant que de recevoir les canons ils seront examinés avec le compas d'épaisseur.

La platine carrée longue de 6 pouces, le bout excédant le ressort pour recevoir la vis.

Épaisseur 2 lignes et haute de 15.

Le chien 2 lignes 1 4 d'épaisseur.

La queue du bassinet sera prolongée jusqu'à la bride, et la vis qui tient le bassinet sera au bout.

La grande vis qui tient la platine passera par le talon, le rempart de la platine sera prolongé jusqu'à six lignes du bout de la platine.

La goupille de la détente sera forte et placée en dedans.

La tige de la noix 4 lignes de diamètre et le carré qui entre dans le chien aura 4 lignes d'écrou de longueur.

La bride de la noix sera double, aura une ligne d'épaisseur bien trempée, de même que toutes les vis.

Le ressort de la batterie sera soutenu par une bride contenue par deux vis à l'ordinaire. La platine au lieu de se terminer en pointe par derrière se terminera en ovale.

DU FUT.

Le fût ou monture sera de bois de noyer, en observant que les bois soient de fil, et que le talon de la culasse remplisse bien le bois. La crosse 15 pouces de long, 5 pouces de large vers la plaque, au moins 2 pouces d'épaisseur. La poignée de la crosse 20 lignes de diamètre. La crosse plus basse de 2 pouces que le canon. Le fût finira à 3 pouces du bout du canon.

Le canal sera percé assez profond pour que la baguette soit à fleur de bois.

La plaque ou talon épaisse d'une ligne, retenue par 2 vis en bois et une goupille à travers un bon pivot; elle sera unie.

La sougarde sera unie, finissant en ovale aux deux bouts, tenue par deux vis et un pivot. La feuille d'en haut aura 3 pouces de longueur, celle d'en bas 6, un peu vidée par le bout pour la grace.

Le porte-vis en esse simple et carré.

La grenadière simple, l'anneau de même rivé en dedans sur un morceau de fer plat.

Il y aura 3 porte-baguettes faits en olive desquels le premier aura 2 goupilles, la grenadière tenant lieu d'un quatrième.

L'entrepreneur aura une marque pour marquer ses canons et la platine.

DES FUSILS POUR LA DÉFENSE DES PLACES.

Il sera fabriqué comme on vient de le dire, mais avec les proportions suivantes :

Epaisseur de la culasse, compris l'âme, 18 lignes et de 11 lignes 1/4 au bout.

La platine 6 lignes d'augmentation sur la longueur, une demi-ligne sur la largeur et une demi-ligne sur l'épaisseur; le chien et le reste sera fortifié à proportion, de même que l'équipage et la monture qui seront alongés jusqu'à 2 lignes du bout du canon.

Le calibre sera de 8 lignes 1/4.

Les baguettes seront de grosseur proportionnée au calibre.

Il sera fourni 200 baguettes de fer par chaque 1,000 de fusils de rempart.

Ces baguettes seront de trois espèces : les unes auront un tire-bourre, les autres un grattoir, et la troisième sera percée pour servir de lavoir.

Il n'a pas encore été déterminé si les tenons des fusils de place et les guidons doivent être brasés, attendu l'épaisseur du canon.

DES BAÏONNETTES.

Les baïonnettes seront de bon fer, bien trempées et accérées de 3 pouces de long par le bout.

La lame aura 14 pouces de long, la douille 3 pouces, bien ajustée sur le bout du fusil.

La baïonnette sera à trois quarts, plate sans être évidée, large d'un pouce en dedans proche la douille sur 8 lignes des deux autres côtés en diminuant vers la pointe, le coude de la baïonnette de 5 lignes de diamètre et à distance de 8 lignes de la douille.

EXAMEN DES CANONS.

Il faut démonter la culasse pour voir si tous les filets de la vis sont bien faits et bien vifs ; si elles ont les trous nécessaires, si elles sont jointes à l'écrou et examiner aussi toutes les autres vis tant en fer qu'en bois.

Regarder dans un beau jour les canons en dedans par un bout et par l'autre pour voir s'ils sont bien droits et bien unis, s'il n'y a pas de paille, chambre ou d'autre inégalité, y passer un petit grattoir à pointe perdue, à ressort et tournant ; on trouvera bientôt la chambre s'il y en a, ensuite on remontera la culasse, et si les canons sont bons on les éprouvera.

EPREUVES DES CANONS.

Il faut les ranger tout de suite en mettant la poudre de la pesanteur de la balle et la balle par dessus.

PRÉCAUTIONS POUR TIRER.

Que le soldat ait une mesure réglée de bois ou de fer-blanc.

Ne jamais souffrir qu'on charge à poignée ; bourrer toujours la poudre et la balle.

Ne point trop se presser de tirer.

Nettoyer tous les jours les armes au moins une fois.

NOMS DES PIÈCES D'UN FUSIL.

Pl. 63 et 64.

A Canon.
B Culasse.
C Platine.
D Grand ressort.
E Ressort de batterie.
F Ressort de gachette.
G Gachette.
GH Bridon.
H Noix.
I Bassinet.
K Batterie.
L Chien.
M Mâchoire.
N Vis de chien.
O Clou de chien.
P Porte-vis.
Q Corps de platine.
R Grande vis traversière.
S Fût de bois de noyer.
T Baguette de bois ferré.
V Porte-baguette à queue.
X Porte-baguette de devant.
Y Détente.
Z Écussons.
a Porte-vis.
b Plaque.
c Boucle de grenadière.
d Sougarde avec son pivot.
e Vis en bois.
f Embouchoir du collet.
g Goupille de fer.

NOMS DES PIÈCES D'UN MOUSQUET DE REMPART.

A Mousquet

B Canon.
C Entrée.
D Baguette.
E Dehors du serpentin.
F Garniture du serpentin.
G Corps de platine.
H Chien du serpentin.
I Clef du serpentin.
KL Dedans du serpentin.
M Ressort.
N Noix.
O Gachette.
P Ouverture du bassinet.
Q Garde-feu.
R Vis de garniture.
S Écusson.
T Porte-vis.
V Porte-baguette à queue.
X Porte-baguette simple.
Y Talon.

CARABINE RAYÉE.

De 3 pieds de long, rayée depuis la culasse jusqu'au bout
circulairement, en sorte qu'il faut pousser la balle avec un
pousse-balle et un marteau, de manière que lorsqu'on tire, la
balle soit empreinte des rayures du canon.

La carabine montée, à 4 pieds de long; les baguettes de
fer, la platine comme celle des fusils.

MOUSQUETONS.

De la longueur des carabines : le canon poli et net dedans,
la platine comme aux fusils ; ils ne servent qu'à la cavalerie.

PISTOLETS.

Les pistolets fins et communs sont de 14 pouces de canon
avec les batteries comme aux fusils.

HALLEBARDES ET SPONTONS.

La hallebarde a 6 pieds 1/2 de long, compris la lame et le talon.

Le sponton 7 pieds 1/2 à 8 pieds tout compris.

CLOUS A TÊTE DE DIAMANT
POUR CLOUER LES BANDES ET TÊTES D'AFFUTS, CROCHETS ET LUNETTES.

La tête { En carré . . . .

{ Épaisseur . . . .

{ Hauteur . . . .

Longueur de la lance . . . .

Longueur en carré, depuis la tête qui s'aplatit jusqu'à la pointe, particulièrement pour le chêne . . . .

Longueur du carré de lance ou de face . . . .

CLOUS A TÊTE PLATE POUR LE DESSOUS DE L'AFFUT.

La tête { En carré . . . .

{ Épaisseur . . . .

{ Hauteur . . . .

Longueur de lance . . . .

CLOUS A TÊTE DE DIAMANT POUR CONTRERIVURES ET LIENS.

La lance . . . .

La tête proportionnée.

CLOUS A TÊTES PLATES POUR LE DESSOUS ET LE DEDANS.

La lance . . . .

La tête proportionnée . . . .

CLOUS DE BANDES.

La tête { Longueur . . . .

{ Largeur . . . .

{ Hauteur . . . .

La tête { Longueur . . . .

{ Contre la tête { Largeur . . . .

{ { Épaisseur . . . .

Clous à tête carrée de lance . . . .

24 ET 16		12		8 ET 4		PONTONS	
Pouces.	Lignes.	Pouces.	Lignes.	Pouces.	Lignes.	Pouces.	Lignes.
	8		7		6		
	1		1		3/4		
	4		3		3		
3	6	3	3	2	6		
4							
1							
	»			2	1/2		
	8		7		6		
	1/4						
	2		»	1	1/2		
3	6	3	3				
2	6	2	6				
2	6	2	6				
1							
	8		9		8		
	6		6		5		
5			4 1/2		4		
	7	4		4			
	5		6		5		
	»		4		3		
			»		»	5	

Les clous de bandes pour douze servent aussi aux charriots à canon et aux pontons.

CLOUYÈRE.

Le tout proportionné à la grosseur des clous.

DES ENGINS.

Du levier. Il y en a de quatre sortes :

Le levier ordinaire.

La pince de fer, *voyez* outils à mineurs, page 86.

Le levier d'abattage.

Le levier de chevrette, *voyez* chevrette, page 79.

DU CRIC.

Voyez page 79.

DU ROULEAU SIMPLE.

Il a de long 4 pieds, 6 à 7 pouces de diamètre avec des mortaises aux bouts pour le faire tourner avec des leviers; il est frêté par les bouts pour empêcher qu'il ne se fonde. *Voy.* la manœuvre.

ROULEAU SANS FIN.

Ce sont deux rouleaux encastrés dans un traîneau, par-dessous, retenus par deux étriers qui sont encastrés dans les rouleaux, d'un peu plus de leurs épaisseurs.

CABESTAN, VINDAS.

Voyez la manœuvre. Pl. 37.

CHÈVRE.

Voyez page 77.

CHEVRETTE.

Voyez La figure. Pl. 18 fig. 2.

MUNITIONS DE GUERRE

POUR MUNIR LES PLACES DE 6, 8, 10, 12 ET 14 BASTIONS, SAVOIR :

Infanterie, 600 hommes par bastion. . . . .

Compagnies du Régiment royal Artillerie. . . . .

Cavalerie ou dragons. . . . .

Pièces de canon
{
De 24 . . . .
De 16 . . . .
De 12 . . . .
De 8 . . . .
De 4 . . . . , ...
}

Affûts, 2 par pièces
{
De 24 . . . .
De 16 . . . .
De 12 . . . .
De 8 . . . .
De 4 . . . .
}

Roues de rechange de tous calibres. . . . .

Paires d'armes, 3 par pièce
{
De 24 . . . .
De 16 . . . .
De 12 . . . .
De 8 . . . .
De 4 . . . .
}

Hampes pour canon . . . .

Coins de mire, 3 par pièce. . . . .

Leviers . . . .

Plate-forme composée de
{
4 Lambourdes.
1 Heurtoir. . .
14 Madriers. . .
} . . . .

6	8	10	12	14
3600	4800	6000	7200	8400
2	3	4	5	8
»	480	600	720	840
4	6	8	8	10
6	8	10	12	14
8	10	12	14	16
10	12	14	16	18
12	14	16	20	22
8	12	16	16	20
12	16	20	24	28
20	24	24	28	32
16	28	28	32	36
24	32	32	40	44
40	50	60	70	80
12	18	24	24	30
18	24	30	36	42
24	30	36	42	48
30	36	42	48	54
36	48	48	60	66
100	100	100	150	200
120	150	180	210	240
600	700	800	900	1000
60	70	80	90	100

Il ne faut pas que les madriers soient cloués sur les lambourdes pour les pouvoir lever.

Boulets par pièce
— 700 : De 24. . . . .
De 16. . . . .
De 12. . . . .
— 1.000 : De 8. . . . .
De 4. . . . .

S'il y a des arquebuses à croc, il faudra, si on les veut faire tirer, faire faire des balles.

Mortiers : De 12 . . . .
De 8 . . . .

Affûts à mortiers : De 12 . . . .
De 8 . . . .

Pierriers . . . .

Affûts à pierriers. . . . .

Coussinets . . . .

Coins d'entaille . . . .

Pinces de fer. . . . .

Dégorgeoirs
Spatules
Crochets   Cela se peut faire dans la place, selon le besoin que l'on en aura.
Curettes
Demoiselles

Plateaux pour pierriers. . . . .

Plates-formes de mortier : 7 madriers — 7 à 8 pouces d'équarrissage . . . . . .

6	8	10	12	14
2800	4200	5600	5600	7000
4200	5600	7000	8400	9800
5600	7000	8400	9800	11200
10000	12000	14000	16000	18000
12000	14000	16000	20000	22000
6	7	8	9	10
10	10	12	14	16
8	9	10	12	13
12	12	16	18	20
6	6	6	8	8
8	8	8	11	11
8	9	10	12	13
20	20	20	25	30
30	30	30	40	40
6000	6000	6000	8000	8000
22	23	26	34	36

Bombes { 500 par mortier de 12 . . . .

Bombes { 800 par mortier de 8 . . . .

Grenades à main. . . . .

Fusées. . . { à bombes . . { De 12. . . . .

Fusées. . . { à bombes . . { De 8. . . . .

Fusées. . . { à grenades. . . . .

Crics . . . .

Chevrettes. . . . .

Chèvres complètes . . . .

Triqueballes. . . . .

Traîneaux simples et sans fin . . . .

Charrettes à porter munitions. . . . . ' . . . .

ARMES DE GUERRE.

Fusils   {

Mousquets { de remparts . . . .

Mousquetons. . . . .

Pistolets de ceinture pour mineurs. . . . .

Coussinets à mousquetaires. . . . .

Baguettes { de bois pour fusils . . . .

Baguettes { de fer avec tire-bourre et regrattoir. . . . .

Moules à cartouches . . . .

Moules à faire balles . . . .

6	8	10	12	14
3000	3500	4000	4500	5000
8000	8000	9600	11200	12800
20000	30000	35000	40000	45000
4000	5000	6000	7000	8000
10000	10000	12000	14000	15000
25000	35000	40000	45000	50000
6	6	6	6	6
4	4	4	6	6
4	4	4	6	6
3	3	3	4	4
4	4	4	6	6
16	20	25	30	30
10000	12000	15000	18000	20000
150	250	300	400	500
150	150	200	200	200
4000	5000	6000	6000	6000
30000	35000	45000	50000	60000
200	250	300	300	300
150	150	200	250	250
30	30	40	40	50

POUDRE.

Pour le canon à la demie du poids du boulet. . . . .

Pour l'infanterie, à 24 coups par livre . . . .

Pour les mines. . . . .

Pour les grenades à un quart. . . . .

Pour les bombes à 16 livres chacune. . . . .

De 8. . . . .

Pour les pierriers ou plateaux. . . . .

Pour artifices . . . .

Plomb en balles . . . .

Pierres à fusil . . . .

Mèche pour le canon et mousqueterie . . . .

Armes à main
- Baïonnettes à douilles . . . .
- Faulx à revers. . . . .
- Hallebardes . . . .
- Sponton à fer carré . . . .

Outils à pionniers
- Haches . . . .
- Serpes . . . .
- Fourches de fer de 6 pieds. . . . .
- Écoupes. . . . .
- Pics-hoyaux. . . . .
- Bêches . . . .
- Pics à roc . . . .
- Manches . . . .

6	8	10	12	14
164800	213333	261600	297200	345600
100000	»	266666	320000	370000
22000	25000	30000	30000	35000
5000	7500	8750	10000	10250
48000	56000	64000	72000	80000
40000	40000	48000	56000	64000
12000	12000	12000	16000	16000
4000	5000	6000	10000	12000
200000	266666	333333	400000	467000
100000	130000	140000	160000	200000
60000	60000	70000	80000	90000
1500	2000	»	3000	3000
200	300	»	400	400
100	200	»	200	200
300	400	»	600	600
800	1000	»	1050	
1200	1500	»	1600	
150	200	»	200	
1000	2500	»	2500	
1000	1500	»	1500	
2000	2500	»	2500	
300	400	»	400	
2000	2500	»	2650	

Hottes avec leurs bretelles . . . .

Brouettes . . . .

Barreaux. . . . .

Civières . . . .

Paniers à parapet. . . . .

Sacs à terre . . . .

Bois de remontage de différents calibres
- Flasques . . . .
- Moyeux . . . .
- Essieux. . . . .
- Jantes . . . .
- Rayes. . . . .

Fûts ébauchés pour fusils. . . . .

Bois pour entures.

Forges complètes. . . . .

Boutiques d'armuriers : les forges et outils . . . .

Charbon de forge, mesures pesant.

Fer.
- De tous échantillons, plats et carrés . . . .
- Aciers . . . .
- Clous.
  - Picards . . . .
  - Demi-picards . . . .
  - A palissades de 6 pouces. . . . .
  - Gros de différentes espèces . . . .
  - A lattes. . . . .

6	8	10	12	14
200	200			
300	300			
20	320			
10	20			
1000	1500			
20000	30000	40000		
10	12			
40	50			
40	50			
240	300			
480	600			
400	400			
4	4	5		
6	6	7		
10000	15000	16000		
200	250	300		
6000	6000			
12000	12000			
20000	20000			
4000	4000			
4000	4000			

Cordages.
- Câble de chèvre de rechange. . . . .
- Prolonges . . .
  - doubles . . . .
  - simples . . . .
- Traits . . . .
  - communs . . . .
  - gros. . . . .
  - petits . . . .
- Travers . . . .
- Toises de 4 lignes de diamètre . . . .
- Menus et ficelles. . . . .

Harnais de chevaux, complets . . . .

Outils. . .
- à charpentiers pour travailler, ouvriers . . . .
- à charron pour travailler, ouvriers . . . .

Outils à mineurs . . .
- Marteaux pointus et fourchus . . . .
- Tranchets. . . . .
- Petites pinces de 2 pieds $\frac{1}{2}$. . . . .
- Coins de fer. . . . .
- Ciseaux. . . . .
- Masses de fer . . . .
- Pelles de fer courbes . . . .
- Écoupes courtes. . . . .
- Couteaux à terre . . . .
- Tarières à sonder . . . .
- Panniers à 4 anses. . . . .
- Petites haches. . . . .

6	8	10	12	14
6	6			
16	18			
16	18			
16	18			
16	18			
16	18			
16	18			
400	400			
200	300			
20	20	30		
15	20	20		
15	20	20		
40	40			
60	60			
40	40			
70	70			
40	40			
30	30			
40	40			
40	40			
50	50			
12	12			
200	200			
12	12			

Outils à mineurs . .
{
Bois de 3 pieds ½ sur 4 toises. . . . .
Grosses toiles pour saucissons, toises. . . . . .
Bois pour bourriquets. . . . .
Cordages d'un pouce pour le bourriquet . . . .
Augets, toises . . . .
Chandelier de fer à équerre . . . .
Planches pour coffres . . . .
}

USTENSILES POUR FAIRE PLOMB.

Chaudières. . . . .

Cuillères . . . .

Triquoises . . . .

Couteaux ou ciseaux . . . .

Mesures à plomb de 200, hauteur 12 pouces 9 lignes ½, 9 pouces 2 lignes de diamètre par en haut, et par en bas 8 pouces. . . . .

Charbon pour fondre le plomb . . . .

USTENSILES D'ARTIFICES.

Chaudières de fer avec son trépied pour raffiner . . . .

Chaudières de cuivre et bassin pour balles à feu . . . .

Table d'artifices . . . .

Égrugeoirs de bois. . . . .

Mortier de fonte à piler . . . .

Tamis de crin . . . .

6	8	10	12	14
1000	1000			
200	200			
70	70			
200	200			
1000	1000			
60	60			
300	300			
2	2			
20	20			
20	20			
2	2			
2	2			
2	2			
2	2			
10	10			
2	2			
4	4			

Tambour de soie. . . . .

Baguettes pour fusées { de 12 . . . .

de 8 . . . .

Baguettes de fusées à grenades . . . .

Maillet. . . . .

Gamelles. . . . .

Repoussoirs à bombes et à grenades. . . . .

Moules à fusées volantes . . . .

Salpêtre . . . .

Soufre. . . . .

Charbon de Bourdaine . . . .

Poix raisine . . . .

Poix noire . . . .

Tonne de goudron . . . .

Tonne d'huile de lin ou de pétrolle . . . .

Suif . . . .

Fascines goudronnées de 2 pieds $\frac{1}{2}$ . . . .

Tourteaux goudronnés . . . .

Fagots goudronnés . . . .

Copeaux . . . .

Étoupes . . . .

6	8	10	12	14
6	6			
40	40			
60	60			
80	80			
40	40			
50	50			
80	80			
12	12			
1500	1500			
1000	1000			
1000	1000			
1000	1000			
1000	1000			
30	30			
6	6			
500	500			
6000	6000			
24000	24000			
2000	2000			
200	200			
200	200			

MENUS ACHATS.

Huile de noix ou de navette pour lampe . . . .

Chandelles { de 6 à la livre . . . .

{ de 8 à la livre . . . .

Cire neuve. . . . .

Flambeaux de cire . . . .

Bougies en paquet . . . .

Peaux de mouton. . . . .

Lampes . . . .

Coton pour lampes. . . . .

Papier commun, rames . . . .

Papier gris, rames . . . .

Feuilles de parchemin pour gargousses . . . .

Feuilles de fer blanc . . . .

Fils de fer de différentes grosseurs . . . .

Fils à coudre. . . . .

Aiguilles à coudre . . . . · . . . .

Aiguilles à bourrelier . . . .

Colle forte. . . . .

Ciseaux à couper. . . . .

Balances à peser depuis 1 jusqu'à 100 . . . .

Romaines depuis 100 jusqu'à 500 . . . .

Aunes de toiles pour saucissons et autres . . . .

Pesons communs . . . .

6	8	10	12	14
4	4			
400	400			
600	600			
100	100			
200	200			
60	60			
60	60			
60	60			
30	30			
10	10			
10	10			
200	200			
200	200			
50	50			
10	10			
600	600			
25	25			
30	30			
20	20			
4	4			
3	3			
200	200			
10	10			

Mesures de fer blanc depuis $\frac{1}{8}$ jusqu'à 10 livres . . . .

Cartouches de bois ou fer blanc de tous calibres . . . .

Entonnoirs à charger bombes. . . . .

Entonnoirs à charger grenades . . . .

Cuivre pour lanternes des pièces . . . .

Outils contre le feu
- Échelles
  - de 30 pieds. . . . .
  - de 20 pieds. . . . .
  - de 10 pieds. . . . .
- Crocs ferrés à tirer maison bas . . . .
- Pompes. . . . .
- Seaux. . . . .

BOIS.

De sciage pour radeaux, masques, étançons, magasins, communications, ponts ou pour autres choses selon le jugement.

CHEVAUX DE FRISE.

L'arbre 12 pieds de long, 5 à 6 pouces de diamètre pour faire quatre rangs de pointes.

Les pointes 2 pieds de long de part et d'autre, 20 lignes de diamètre.

COFFRET DE REMPART.

Particulièrement pour les postes avancés, 6 pieds de long, 3 de large sur 2 $\frac{1}{2}$ de profondeur dans œuvre, séparé en 3 parties égales, souvent en appentis qui n'ouvrent que de la moitié; le tout bien goudronné et couvert d'une peau de bœuf ou vache avec son poil.

6	8	10	12	14
100	100			
12000	12000			
2	2			
4	4			
10	10			
20	20			
40	40			
40	40			
6	6			
500	500			

MATÉRIAUX

NÉCESSAIRES LORSQU'ON PRÉVOIT QU'ON SERA ASSIÉGÉ.

Gabions de 3 pieds de haut et 3 pieds de diamètre. . . . .

Fascines . . . .

Masses. . . . .

Piquets . . . .

Harts en bottes de 100 . . . .

Planches et doubleaux, le plus que l'on pourra.

Bourriquets pour les mines. . . . .

OFFICIERS D'ARTILLERIE.

Lieutenant. . . . .

Commissaires

    Provinciaux. . . . .

    Ordinaires . . . .

    Extraordinaires. . . . .

    Garde de la place . . . .

Sous-gardes . . . .

Artificiers . . . .

Le tout, cependant, à la prudence de ceux qui demandent les munitions, soit pour les diminuer ou augmenter; mais il faudra avoir égard aux ouvrages détachés, comme couronnes, ouvrages à cornes ou autres qui augmentent la défense quand l'ennemi est obligé de les attaquer ou de les prendre.

On ne garde que les munitions nécessaires dans une place où il y en a déjà, c'est pourquoi on fera un état en 4 colonnes où on mettra :

Dans la première, les troupes et toutes les munitions nécessaires dans la place.

Dans la seconde, ce qu'il y a actuellement de service.

Dans la troisième, ce que l'on demande.

Et dans la quatrième, ce qui est hors de service.

On peut ajouter une colonne pour les munitions que l'on peut trouver dans la place chez différents marchands ou particuliers.

6	8	10	12	14
2000	2500			
100000	100000			
300	350			
200000	25000			
5000	5000			
1	1			
2	2			
6	6			
6	6			
1	1			
4	4			
1	1			

ÉTAT DES MUNITIONS DE GUERRE

Que l'on juge nécessaires dans la ville de N. . .

POUR SOUTENIR UN SIÈGE DE 15 JOURS:

De celles qui y sont, de celles qui y manquent, de celles qui sont hors de service,
et de celles que l'on peut trouver chez les bourgeois.

MUNITIONS DE GUERRE

NÉCESSAIRES.	MANQUANT.	EXISTANTES.	HORS de service.	CHEZ les bourgeois.

ARRANGEMENT DES MUNITIONS DE GUERRE DANS LES ARSENAUX

EN TEMPS DE PAIX.

DES POUDRES.

Pl. 66, fig. 1 et 2.

Les magasins à poudre doivent être éloignés des maisons,
leurs planchers ou aires doivent être garnis par dessous entre
les solives de 8 pouces au moins de charbon ou mâche-fer; le
plancher de bonnes planches bien chevillées de bois, le pourtour des murs lambrissés jusqu'à la naissance de la voûte pour
empêcher l'humidité, particulièrement dans les magasins nouvellement construits.

Les chantiers faits de pouterelles de chêne de 8 à 9 pouces
d'équarrissage, callés de 6 en 6 pieds et de 8 pouces au-dessus
du plancher.

Les barils s'engerberont de 4 de hauteur ou d'assise ou lits
et tout au plus de 5, quoiqu'on le fasse de plus dans la nécessité.

Chaque chantier a deux montants arboutés pour contenir
les barils.

On laisse au milieu, aux côtés et aux bouts, des espaces de

3 à 4 pieds pour les mouvements que l'on veut faire dans les magasins.

Un magasin doit avoir à chaque bout une croisée à un vanteau dedans et dehors, celui de dehors, fait de madriers de 2 à 3 pouces, couvert de tôle et bien joint, qui fermera à deux verroux par dedans.

Le vanteau de dedans n'est pas couvert de fer et se ferme aussi avec deux verroux.

Il faut 2 échelles dans un magasin, et dans les beaux jours des mois de juin, juillet et août, on ouvre les fenêtres pour donner de l'air, posant une sentinelle derrière tant que la fenêtre est ouverte; on doit remuer tous les barils à poudre au moins une fois l'année, pour empêcher les poudres de se mettre en masse, et pour voir en même temps s'il ne les faut relier.

Quand on fait ces mouvements il faut avoir plusieurs sentinelles pour empêcher le monde d'approcher, si ce n'est les officiers d'artillerie et les tonneliers; ces derniers travaillent dehors avec peu de barils à la fois, ayant soin de ne découvrir que celui qu'ils enfoncent, en présence d'un officier.

A mesure que les barils sont radoubés, on les resserre et on en tire une pareille quantité.

Lorsqu'on change on remue les poudres, il faudra mettre dessus celle qui était dessous.

Il faut bien balayer les magasins chaque fois que l'on remue ou manie les poudres.

Il y a deux portes de madrier à un magasin; d'ordinaire elles sont couvertes de tôle, la première n'a qu'une serrure.

La seconde de mêmes madriers a deux vanteaux sans tôle et deux serrures; ces trois serrures ont chacune une clé différente, il y en a quelquefois une quatrième : l'une est pour le gouverneur, la seconde pour le commandant de l'artillerie, la troisième pour le contrôleur et la quatrième pour le garde.

Il y a autour des magasins une enceinte qui a une porte dont le garde a la clé; on ne doit pas souffrir qu'on y fasse de jardin. De l'entrepôt, outre les magasins on en fait un

petit en quelqu'endroit sûr, on l'appelle entrepôt : il sert
pour la distribution journalière, on n'y mettra pas plus de
4 barils à poudre, 2 à plomb, de la mèche et quelques outils.

DES PIÉCES.
Pl. 66, fig. 3 et 4.

En temps de paix on démonte les pièces d'une place ; ou
resserre tous les affûts et plate-formes dans les couverts de
l'arsenal.

On range le canon calibre par calibre sur des chantiers, les
anses en dessous la lumière sur un chantier et la volée plus
basse que la culasse; tous les tourillons ne faisant qu'une ligne,
on les met dans la cour de l'arsenal, sur le rempart, ou sur
une place avec une sentinelle.

EMPILEMENT DES BOULETS.
Pl. 66.

On les place à l'air et partout, mais ordinairement devant
ou autour de l'arsenal ou dans les côtés de la cour.

Pour faire une pile de boulets, il faut creuser la terre presque de la hauteur du boulet, mettre le terrain de niveau,
bien carré ou carré long autrement appelé rectangle triangulaire ; ensuite on met une rangée de boulets, puis une
autre, observant que les lignes qu'ils font soient bien droites
et que les vides ne paraissent pas biaiser.

Quand la base sera faite, les angles bien droits, les boulets
à la règle, tant par dessus que par les côtés, on assure cette
base avec de la terre tout autour, que l'on pile avec le pied;
après on met d'autres boulets par-dessus, et encore d'autres
jusqu'à ce que les piles soient faites. Il faut que tous les côtés
des piles soient sur un alignement.

DU CALCUL DES PILES.

Les piles sont ou carrées, ou carré long, ou triangulaires.

DES CARRÉS.

Une pile carrée a quatre faces qui sont chacune un triangle équilatéral; si le côté de ce triangle a 12 boulets de côté, doublez 12 pour avoir 24, ajoutez 1 à 24 pour avoir 25, prenez le tiers de 25 vous aurez 8 1/3; comptez les boulets d'une de ces faces qui en contiendra 78; multipliez 78 par 8 1/3, le produit 650 sera le nombre des boulets de la pile et ainsi des autres carrés.

DES PILES CARRÉES LONGUES.

Une pile carrée longue est terminée toujours par 2 triangles équilatéraux à ses bouts, et tous les boulets d'en haut s'appellent le sommet.

Si un de ces triangles équilatéraux a 12 boulets à un de ses côtés, doublez 12 pour avoir 24, ajoutez 1 à 24 pour avoir 25, prenez le tiers de 25 vous aurez 8 1/3.

Si le sommet est de 18 boulets ôtez-en un restera 17, ajoutez ces 17 à 8 1/3 vous aurez 25 1/3; comptez combien il y a de boulets dans le triangle équilatéral vous en trouverez 78, multipliez 78 par 25 1/3 le produit 1,976 sera le nombre des boulets de la pile.

DES PILES TRIANGULAIRES.

La base de ces piles est un triangle équilatéral, elles ont 3 faces qui sont aussi trois triangles équilatéraux, et tous les 4 sont égaux, c'est pourquoi on les peut appeler tétraèdre. Si un de ces triangles a 12 de côté, ajoutez 2 à 12 pour avoir 14, prenez le tiers de 14 qui sera 4 2/3, comptez les boulets d'un de ces triangles vous trouverez 78, multipliez 78 par 4 2/3 le produit 364 sera le nombre des boulets de la pile.

DES MORTIERS ET PIERRIERS.

Si on arrange les pièces à droite et à gauche de la cour de l'arsenal, on mettra les mortiers au fond faisant face à la porte. et les pierriers à droite et à gauche de l'entrée vis-à-vis des mortiers.

Les uns et les autres sur des chantiers, la volée plus basse que la culasse pour être hors d'eau, la lumière par dessous.

Quand les mortiers sont sur leurs affûts de fer on les couvre avec leurs tampons.

DES BOMBES.

Les bombes s'arrangent en piles comme les boulets. calibre par calibre , les lumières par dessous. de façon que l'on ne voie point les anses.

DES GRENADES.

Il y a des arsenaux où on les met à couvert pêle-mêle. sous des escaliers en d'autres endroits. mais pour le mieux on les empile comme les boulets, la lumière dessous, en assurant leur bases avec des lambourdes.

AFFUTS DE CANON.
Pl. 67.

On range les affûts sous les couverts de l'arsenal. la figure fera voir cet arrangement. Toutes les roues se touchent et ne font qu'une ligne ; il faut laisser 9 à 10 pieds d'espace entre chaque calibre pour avoir la liberté d'entrer quand on en a besoin.

AVANT-TRAINS.
Pl. 67.

On en fait une rangée sous les couverts.

CHARRIOTS A CANON.

Pl. 67. fig. 1re.

On les range sous les couverts d'alignement, levant seulement les limonières.

CHARRETTES ET CHARRIOTS.

Pl. 67, fig. 2. et pl. 68. fig. 1er.

Sous les couverts. Lorsqu'on n'a pas assez de place pour
les charrettes et charriots, on les démonte de suite. et on les
empile mettant les roues à côté.

CHEVRES. CHEVRETTES ET TRIQUEBALLES.

Proche les portes pour ne les point embarrasser.

ARMES DES PIÈCES.

Pl. 68. fig. 2.

Sur des râteliers dans les couverts où sont les affûts. mais
mieux à l'étage au dessus. calibre par calibre.
Les leviers debout contre les murs.

PLOMB.

Dans des couverts bien secs et en sûreté. les barils s'engerbent à 2 de hauteur seulement. sur des chantiers.

DES DIAMÈTRES DU PLOMB.

Un boulet de plomb d'une livre pesant a été trouvé de
20 lignes 1/2 de diamètre et on demande le diamètre de
2 onces.
Multipliez 20 1/2 par 100 supposant que chaque ligne vaut

100 ou est divisée en 100 parties égales, vous aurez 1,050, dont le cube est 8,625,125,000.

Mais 2 onces est la 8e partie d'une livre, c'est pourquoi il faut diviser 8,625,125,000 par 8 pour avoir 1,078,143,125 dont la racine cube est 1025 qu'il faut diviser par 100 pour avoir 10 lignes 1/4 qui est le diamètre d'une balle de plomb de 2 onces.

On trouvera de même qu'une balle de 18 à la livre a de diamètre 7 lignes 41/50.

DES MÈCHES.

Elles se rangent à 3 tonnes de hauteur dans les greniers des couverts ou dans quelque lieu commode et bien sec.

On les ouvre de temps en temps pour voir si elles ne se pourrissent point; lorsqu'elles sont humides on les expose au soleil, après quoi on les bat un peu et on les resserre ensuite. Les mèches qui ne sont ni entonnées ni encaissées se mettent par paquets en un lieu bien sec.

DES BOIS.

Les plates-formes qu'on a levé de dessus le rempart se mettent en pile sous les couverts avec des calles entre les madriers pour que l'air passe entre deux, les lambourdes de même.

Les flasques s'empilent de même en les callant. Les jantes s'empilent deux d'un sens et deux de l'autre, le cintre en dedans.

Les rays s'empilent 4 ou 5 d'un sens et 4 ou 5 d'un autre, aussi haut que l'on veut à couvert, calibre par calibre; on fait autant qu'on le peut, les piles près des ateliers ou on les emploie.

DES MOYEUX.

Quand on en a provision on les garde dans un lieu fort hu-

mide avec leur écorce, ou dans l'eau, autrement ils se fen-
dent.

LES ESSIEUX.

Les uns sur les autres en croix par calibre.

LES SACS A TERRE.

Entonnés, s'arrangent à 3 tonnes de hauteur et dans un lieu
sec comme les mèches, les tonnes de sacs en contiennent 8 à
900; on en fait quelquefois des ballots, dans ce cas on les empile les uns sur les autres jusqu'au plancher.

LES CORDAGES.

Les prolonges doubles et simples, traverses, traits et menus
cordages s'entonnent : on les range de deux tonnes de hauteur.
Les cinquenelles et câbles se mettent en meules, et même
on les empile, le tout dans un lieu sec.

ARTIFICES.

Salpêtre)
Soufre   } en lieu sec et avec les mèches.
Fusées   )
Les huiles en lieu frais avec une écuelle dessous les barils.
La poix   ) en tonnes ou auges de madriers à feuillures,
Gaudron   } autrement il s'en perd beaucoup.

LES OUTILS A PIONNIERS.

Les outils emmanchés se rangent par espèce dans les greniers et par pile de 4 à 5 pieds de haut, les manches en dedans

soutenus par des montants de bois pour que la pile soit carrée ;
ces piles s'alignent au cordeau.

Les outils non emmanchés s'arrangent en petites piles
selon leur espèce, d'un pied 1/2 de haut ou tout au plus 2 pieds.

Les manches. en piles aussi hautes que l'on peut.

PANIERS ET HOTTES.

Les paniers . hottes et autres ouvrages d'osier et de bois.
toujours à couvert; les lieux humides entretiennent les paniers
et hottes. mais quand ils le sont trop ils pourrissent.

ARMES DE GUERRE.

Dans la salle d'armes.

Les fusils, mousquets, debout espèce par espèce Les piques
couchées en paquets pour qu'elles se contiennent.

Les spontons
Hallebardes   } sur des râteliers.
Faulx emmanchées

Un bouchon de bois à chaque canon.

Très peu d'huile de crainte du cambouis. il en faut au bois :
elle empêche le ver.

Il faut que le garde d'artillerie ait un lieu séparé pour faire
travailler au nettoiement des armes et ne jamais souffrir que
les armuriers travaillent dans la salle d'armes; il faut pour nettoyer des étaux. grattoirs et autres.

FER.

Les clous embarillés espèce par espèce.

DES ÉTIQUETTES.

Il faut que tous les barils. tonnes , ballots. les armes des pièces et de guerre soient étiquetés de ce qu'ils contiennent et la quantité.

DEVOIR D'UN OFFICIER D'ARTILLERIE DANS UNE PLACE EN TEMPS DE PAIX.

L'officier qui commande dans la place aura un inventaire de toutes les munitions, il devra savoir où elles sont et si elles sont bien rangées.

Il examinera tous les magasins et arsenaux, s'ils sont bien couverts, s'il y manque quelque chose ; il donnera avis au lieutenant-provincial du département où il est, lequel en avertira le lieutenant-général.

Il ne doit être rien délivré sans l'ordre du commissaire en résidence qui doit avoir par écrit celui du gouverneur pour le remettre au garde avec le sien. S'il fait tirer du canon ce sera au 1/4 du boulet, et si le gouverneur en veut davantage il en donnera l'ordre par écrit.

Il aura soin que le garde ait un registre, à la tête duquel sera l'inventaire des munitions, et ensuite les états des remises et consommation. Il enverra copie des remises et consommation, tous les trois mois, à son chef, au ministre ou contrôleur-général, au lieutenant-général du département, au lieutenant-provincial, et au commissaire de résidence.

Si l'on reçoit des poudres neuves, examiner si elles sont en bon état, embarillées et enchapées, marquées de l'année, et du moulin d'où elles viennent, et qu'on ait un certificat constatant qu'elles ont été éprouvées. Si les poudres viennent d'une place et qu'elles ne soient pas marquées on défoncera quelques barils pour voir si le poids y est et si elles ne sont pas en masse.

Si l'on remet du plomb il faut voir s'il est bien relié, en défoncer un baril pour le peser et reconnaître le calibre.

Si l'on remet des fusils, examiner s'ils sont en bon état.

Observer une grande propreté dans tous les magasins et beaucoup d'ordre.

Le garde d'artillerie qui reçoit des munitions d'un autre garde doit avoir une ampliation du récépissé qu'il donne, et il le conserve par devers lui.

ARRANGEMENT DES MUNITIONS DANS UNE PLACE ASSIÉGÉE.

Dès que l'on connaît où l'ennemi détermine son attaque, s'il y a de ce côté-là des magasins à poudre, quand même ils seraient à l'épreuve de la bombe on en retirera les poudres pour les mettre de l'autre côté de l'attaque, soit dans des jardins éloignés des maisons, s'il y en a, mettant les barils enchapés à 6 pieds l'un de l'autre et non en pile, ou en faisant des trous sous le terre-plein du rempart pour y loger des barils.

Si les magasins opposés à l'attaque sont à l'épreuve, on pourra y laisser les poudres en les étançonnant et en mettant dessus des bois pour arrêter le premier effet des bombes et réparer aussitôt le désordre qu'elles auront fait.

Il faut masquer toutes les portes et les fenêtres avec de grosses poutres, des fascines et de la terre, faire un petit ouvrage dont la porte ne soit pas vis-à-vis celle du magasin.

Il ne faut retirer des poudres de ces magasins, que ce que l'on peut avoir besoin pour la consommation de 2 ou 3 jours, pour n'y pas entrer si souvent; il faudra balayer toutes les fois qu'on retirera ces poudres, de crainte que les barils ne tamisent et ne fassent des traînées. Les armes se mettront dans les magasins d'où on a retiré les poudres, ou autres souterrains et auprès de la boutique des armuriers le plus sûrement qu'il sera possible.

Si on met les armes par tas il les faudra mettre par calibre et les bien étiqueter.

Si on a des armes de différents calibres et par conséquent du plomb aussi, on fera un état de tous les postes où on aura envoyé des armes d'un certain calibre afin d'y envoyer toujours du même plomb : ce qui est d'une grande conséquence.

On retirera le plomb des couverts pour le mettre dans quelques jardins avec des sentinelles ; mais si ce sont des endroits

publics il faudra les entourer de palissades pour empêcher que
ce plomb ne soit volé, et surtout le ranger calibre par calibre,
et bien étiqueter sur chaque baril. On placera à portée et en
sûreté autant qu'il sera possible, les fondeurs de plomb avec un
homme de confiance pour les voir travailler, faire entonner et
peser le plomb, tant celui qui leur sera remis que celui qu'ils
rendront. On établira les forges, charrons, charpentiers, chaudronniers, tonneliers, pour lesquels on fera des ateliers ; ils
auront auprès d'eux les affûts, roues de rechange, bois de remontage, ainsi que le charbon et le fer avec un sous-garde
pour distribuer avec ordre.

Choisir l'endroit le plus sûr pour les artificiers ; ceux qui
chargeront les grenades en seront un peu éloignés et enver-
ront en un lieu de sûreté celles qui seront chargées.

Placer aussi les matières d'artifices dans un lieu sûr,
et les envoyer aux artificiers à mesure qu'ils les emploie-
ront.

Ne frapper sur les fusées à bombes anciennement chargées, avec aucun instrument de fer.

Les boulets seront mis à portée des batteries calibre par
calibre ; on en connaîtrait mieux la consommation si on les
mettait en piles.

Les bombes seront aussi à portée de leurs batteries, et on ne
les chargera qu'en petit nombre à la fois et à mesure qu'on
les consommera.

Les plates-formes de canons et mortiers seront rangées à
portée de leurs batteries avec des sentinelles pour empêcher
les soldats d'en prendre pour les blindages.

On fera des saucissons avec les fascines qu'on aura en provision, il faudra mettre les travailleurs à couvert du feu des
ennemis.

Il faut que le garde de l'artillerie ait plusieurs sous-gardes
avec lui, s'il n'y en a point de son arme il demandera des personnes fidèles et sûres au gouverneur, l'une sera chargée des
armes, l'autre du plomb, et on placera à la poudre un officier
subalterne, entendu et sage, pour en faire la distribution.

On mettra les pierres à fusils dans de petits barils pour les
envoyer plus facilement aux postes.

Le garde d'artillerie se tiendra dans un lieu qu'on ne saurait guère déterminer, avec les sacs à terre, outils à pionniers, cordages et tous les menus achats; il aura avec lui 3 ou 4 personnes entendues, sachant écrire.

Il ne distribuera que d'après un ordre les munitions qu'il aura près de lui et dont il tiendra un état journalier, et il mettra en liasses tous les états qu'on lui enverra de la consommation, et s'il a le temps, il en fera un général pour que le commandant de l'artillerie puisse voir chaque jour ce qui se consomme.

DEVOIR D'UN LIEUTENANT D'ARTILLERIE ASSIÉGÉ.

Il connaitra tous les postes et aura un plan de la place.

Il choisira, pour faire les fonctions de major, un officier entendu, vigilant, ayant aussi une connaissance parfaite de tous les postes.

Il divisera ses officiers en brigade; chaque brigade montera le rempart toutes les 24 heures les uns après les autres.

Si l'on fait des travaux extraordinaires et que les brigades ne puissent suffire, il en détachera des officiers de la brigade la plus éloignée à monter, il en usera de même pour les sorties du canon de nuit.

Il demandera au gouverneur des sergents fidèles pour conduire les munitions aux attaques, ceux-ci auront par écrit les noms des ouvrages et des postes.

On évitera de mettre des canons de différents calibres dans une batterie.

S'il n'y a pas suffisamment de troupes du régiment royal d'artillerie pour le service du canon, il demandera au gouverneur le monde nécessaire qui sera fixé et toujours employé à cela.

Il fera faire les mines et fougasses que l'on jugera à propos en demandant des travailleurs au gouverneur pour agir avec les mineurs. On ne distribuera aucune arme qu'on ne remette celles qui sont rompues; ce seront des sergents avec des petits détachements qui en feront la visite aux défenses.

Les sergents qui visiteront les postes, découvriront si les soldats n'enterrent point leur plomb pour ensuite le vendre : c'est pourquoi le gouverneur défendra, sous peine de la vie, aux bourgeois, d'acheter aucune munition. Si on le peut on ne fera tirer qu'avec des cartouches qui seront faites journellement par un détachement avant de les distribuer aux troupes.

On observera le même ordre pour les outils que pour les armes.

Il faudra faire reboucher le trou des bombes sur le rempart pour faciliter les mouvements de l'artillerie.

Le gouverneur et le commandant de l'artillerie régleront ensemble la consommation journalière de chaque munition, ils l'augmenteront ou la diminueront à proportion de la défense que l'on pourra faire.

On achètera chez les marchands ce dont on aura besoin en donnant à chaque particulier un état de ce qu'il aura livré par ordre du gouverneur; on se servira de gens sûrs et fidèles, pesant et mesurant régulièrement ce que l'on prendra; s'il n'y a point dans la place d'armuriers, le gouverneur fera demander s'il y en a dans les troupes ainsi que des charrons, charpentiers, forgeurs, fondeurs de plomb, parmi lesquels on établira des personnes de confiance pour les conduire et des sergents pour les faire travailler.

On fera faire des civières, charriots à main, à deux roues, pour le transport des munitions, des masses, s'il n'y avait pas assez d'affûts de rechange, on cherchera dans la ville des bois propres à en faire en blanc que l'on ferrera avec les ferrures de ceux qui seront hors de service.

S'il y a des charrettes et chevaux dans la ville, on s'en servira pour les transports, de même que des différents outils qu'on y trouvera.

S'il n'y a pas de cartouches de fer blanc, on en fera faire de bois que l'on emplira de mitraille pour épargner le plomb.

Les barbettes qui servent utilement dans le commencement d'un siège, deviennent inutiles par la suite, c'est pourquoi on en retirera le canon pour le mettre aux embrasures

que l'on dégorgera dans les parapets : la nuit on pourra se
servir des barbettes.

On rétablira les batteries ruinées avec des gabions et fascines, sans les enterrer, étant toujours mieux d'être élevées. Les
affûts à hauts rouages sont toujours d'un meilleur service, à
moins que ce ne soit dans des batteries éloignées qui ne sont
pas battues de celle des ennemis.

On cherchera toujours le moyen de prendre l'ennemi à revers pour l'obliger à faire de nouvelles batteries ou à se dégorger autrement ou à s'épauler.

Il faudra avoir des embrasures masquées pour les dégorger lorsque l'ennemi aura monté dans quelque ouvrage, et
même lorsqu'il montera à l'assaut.

On aura dans les ouvrages avancés quelques pièces de petits calibres.

Il faudra placer convenablement les batteries à mortier,
pour tirer aux batteries des ennemis et aux sapes.

Le lieutenant d'artillerie visitera tous les jours les batteries
pour y faire les changements nécessaires et qu'il jugera à
propos.

Les chefs des brigades l'avertiront de toutes les dispositions
de l'ennemi qu'ils auront reconnues.

Le commandant de chaque brigade aura soin que les bouchons, armes des pièces et boulets soient bien rangés à côté
des batteries, qu'on entretiendra bien nettes et il enverra un
état au commissaire du détail pour avoir les choses dont il
aura besoin.

Avant le siége, le commandant de l'artillerie réglera le
service des officiers pour qu'ils sachent ce qu'ils doivent faire.

On ne se servira point des bombes et grenades vieilles chargées, non plus que des artifices.

ORDRE QUI DOIT ÊTRE OBSERVÉ DANS LES PLACES OU IL Y A DES TRAVAUX QUI SERVENT D'ENTREPOTS.

Les munitions de la place seront séparées dans l'arsenal de
celles qui sont destinées à être envoyées ailleurs, ce qui sera
serré sera étiqueté.

Il faut que ce qui doit servir à la construction soit mis par ordre dans les différents ateliers; que les bois soient rangés comme on l'a dit et soient le plus à portée qu'il se pourra des ateliers de charpentiers et charrons.

Les forges seront plus à portée aussi des ateliers auprès desquels il faut que soient les magasins du fer et du charbon.

Le garde d'artillerie aura la clé de ces magasins et ne délivrera rien que par l'ordre de l'officier qui conduit les travaux et enregistrera journellement tous les fers, bois et autres qu'il délivrera à celui qui commande les ouvriers, celui-ci tiendra aussi un registre de son côté pour y mettre ce qu'il aura reçu.

S'il y a un cloutier on lui donnera tant de livres de versillons dont il rendra tant de livres de clouds, selon ce que l'on sera convenu; s'il se trouve des bois défectueux on les remettra au garde pour qu'il les enregistre sur ce pied-là dans son inventaire, à moins qu'ils ne soient propres à autre chose.

Le commissaire chargé des constructions, prendra garde si les bois qui lui sont remis sont bien conditionnés suivant le marché, si les flasques sont de franc bois, sans flaches, sans nœuds.

S'ils sont de proportions requises et de même, si les jantes, rays, essieux et moyeux ont leurs proportions; si le fer est bon, s'il n'est ni aigre, ni cassant, si c'est de l'acier: celui de Hongrie est le meilleur.

On brûle les vieux affûts en leur entier pour en avoir la vieille ferrure qui sert à ferrer les affûts neufs.

On consignera aux sentinelles que les ouvriers n'emportent quoique ce soit lorsqu'ils quittent le travail ou qu'ils vont prendre le repas.

S'il y a des journaliers, il faut en tenir un état exact et ne pas souffrir qu'ils perdent un moment du temps qui leur sera prescrit pour le travail.

C'est dans ces places où l'on coule ordinairement le plomb, il faudra que les balles soient bien ébarbées et bien rondes; cet ouvrage se donne par entreprise, le roi fournissant le plomb en saumon. Si on le fait à journée, il faudra prendre

garde que les fondeurs n'en détournent, on pourra faire passer les cendres ou crasses que l'on mettra à part.

On donne 3 à 4 livres de déchet par 100 de plomb; on pè-
sera exactement le plomb que l'on mettra en barils de 200
que l'on enchâssera, marquant dessus le calibre et le lieu
où il a été fondu, mettant seulement la première lettre du
nom de la ville avec de la couleur noire à l'huile; on marquera
de même les affûts que l'on peint à l'huile de deux couches
et on écrit dessus le calibre et la place pour lesquels ils sont
destinés; on doit bien examiner les cordages quand on en reçoit, si on avait des corderies dans les arsenaux, on aurait
l'œil sur les ouvriers.

Les outils doivent être aussi examinés : comme ils se font
par les ouvriers de dehors, souvent ils y emploient de mauvais
fers et mauvais aciers, on les éprouve sur des nœuds de bois
bien dur; il faut avoir l'œil sur la construction des sacs à terre
aussi bien que sur la toile qui doit toujours être suivant l'é-
chantillon ; mais comme il ne se font que dans des temps où
on est pressé, on prend ce qu'on trouve.

POIDS DES MUNITIONS DE GUERRE POUR SERVIR AUX VOITURES
DE TERRE ET D'EAU.

Pièces	De 33			6000 liv.
	De 24			5000
	De 16			4000
	De 12			3000
	De 8	Longues		2000
		Courtes		1400
	De 4	Longues		1000
		Courtes		900
	De 2			800
	De 1			300
Autres pièces	De la nouvelle invention	De 24.		3000
		De 16.		2300
		De 12.		2000
		De 8.		1200
		De 4.		600

Triples de 4   1000

Quelquefois les pièces augmentent ou diminuent de 100, ce qui ne fait aucune conséquence pour les voitures.

MORTIERS.

Il y en a de même calibre qui sont de différents poids, selon la poudre que contient la chambre ; ces poids sont marqués sur les tourillons, aussi bien que celui des pièces.

De 18 pouces		5000
De 12 .	À chambre poire	2500
		2200
		1800
	Concaves	4500
		2500
		2020
	Cônes	1600
	Cylindriques	1600
De 8		490
De 6		350
Pierriers .	Anciens, environ	1000
	Nouveaux	1000

ARMES DES PIÈCES.

Lanternes avec leurs hampes . . .	De 33 . .	15	1/2
	De 24 . .	14	1/2
	De 16 . .	12	
	De 12 . .	10	
	De 8 . .	9	
	De 4 . .	8	
	De 2 . .	7	
	De 1 . .	6	

Refouloirs et Écouvillons, avec leurs hampes :

De 33 . .	11
De 24 . .	10
De 16 . .	9 1/2
De 12 . .	9
De 8 . .	8 1/2
De 4 . .	7
De 2 . .	6
De 1 . .	5

Tireboures :

pour grosses pièces	12
pour moyennes et petites pièces.	9

Hampes :

grosses	8 1/2
moyennes.	7
petite.	6

Leviers :

gros	16 à 20
moyens.	10 à 14

Boulets ont leurs poids fixes.

Grenades 2

Bombes :

De 18	490
De 12	135
De 8	35
De 6	

	EN BLANC.		
	AFFUTS.	ROUES.	ESSIEUX.
De 33	680	800	160
De 24	580	700	150
De 16	480	600	90
De 12	380	520	64
De 8	260	360	55
De 4	450	320	48

	FERRÉ.		
	AFFUTS.	ROUES.	ESSIEUX.
De 33	»	»	»
De 24	1083	1146	202
De 16	957	997	135
De 12	742	861	103
De 8	545	628	85
De 4	425	565	70

	De 33.	
	De 24.	2431 liv.
	De 16.	2069
	De 12.	1766
Affûts et rouages ferrés.	De 8.	1258
	De 4.	1060
	De 3.	880
	De 2.	775
	De 1.	640

	AFFUTS MODERNES.		
	EN BLANC.	FERRURE.	Total.
De 24	424	300	724
De 16	325	275	600
De 12	240	220	460
De 8	175	200	375
De 4	125	140	265

	ROUES MODERNES.		
	EN BLANC.	FERRURE.	Total.
De 24	424	320	744
De 16	400	300	700
De 12	340	270	610
De 8	300	220	520
De 4	200	188	388

	ESSIEUX MODERNES.		
	EN BLANC.	FERRURE.	Total.
De 24	80	110	190
De 16	62	90	152
De 12	52	70	122
De 8	42	65	107
De 4	32	55	87

AFFUTS MODERNES ET ROUAGES FERRÉS.

De 24 1734
De 16 1452
De 12 1295
De 8 1002
De 4 740

AFFUTS DE PLACES A BAS ROUAGES, MONTÉS ET FERRÉS.

De 24 1550

De 16	1350
De 12	1050
De 8	800
De 4	650
Avant-train	
Charriot porte-corps ferré	1800
Haquet ferré.	1122
Ponton	920
Poutrelle, 52 liv. les huit.	416

Plate-forme de { 14 madriers / 1 heurtoir / 5 lambourdes } 1852

Plate-forme à mortier de 6 madriers.	1215
Fusil avec sa baïonnette	10
Pierres à fusil 50,000 avec le baril	1300

Outils à pionniers emmanchés.
Haches.	4
Serpes	2
Pic-à-roc	3 1/2
Pic-hoyaux.	4
Hoyaux.	3
Bèche	3 1/2
Écoupe.	3 1/4

Manche . . . .

Affûts à mortiers
de 12.	de fer coulé. . .	2500
	de bois ferré . .	1900
de 8 de bois ferré.		
de 6 de bois ferré.		
à pierrier ferré.		600

Chèvre et poulies	920
Triqueballe ferré.	1200
Gril à rougir boulets	375

Cordages.
Cinquenelles de 110 toises	500
Alonges	100
Combleaux	100
Câble de chèvre	60
Prolonges { doubles.	25
simples.	15

Traits . $\left\{\begin{array}{l} \text{de 13 pieds.} \dots\dots\dots\dots\dots \quad 14 \\ \text{de 10 pieds.} \dots\dots\dots\dots\dots \quad 6 \\ \text{de 9 pieds.} \dots\dots\dots\dots\dots \quad 5 \end{array}\right.$

Le Roi a réglé à 15 sols pour la voiture d'un millier pesant (poids de marc) de ses munitions par des charriots de paysans.

TRANSPORT DES MUNITIONS DU CANON.

Le canon se voiture ou sur les affûts, ou sur des charriots porte-corps attelés par les chevaux d'artillerie, pour lors il n'y a aucun embarras; mais quand on est obligé d'avoir recours aux chevaux de paysans, il faut recommander qu'ils aient les harnais nécessaires, des colliers, des traits, sellettes et avaloirs pour les limoniers, il en faut autant que de chariots: quelquefois on est obligé de leur prêter des traits, particulièrement pour le gros canon.

On ne mènera jamais le gros canon sans chèvre complète.

Les cordages seront remis au garde de la place, qui recevra le canon, ou on les rapportera.

DES MUNITIONS.

Les munitions se chargent sur des charrettes et charriots d'artillerie, ou sur ceux des paysans, par des détachements que l'on demande pour cela. Il faut donner à chaque chartier un billet de ce qu'il porte, et, outre cela, on donnera à celui qui est chargé de la conduite de ces munitions un état général de tous ces billets pour vérifier l'envoi à son arrivée.

DES VOITURES HAUT LE PIED.

Il faut toujours avoir des charriots vides qui suivent pour remplacer ceux qui pourraient se rompre en chemin.

DU POIDS POUR CHAQUE VOITURE.

On ne doit pas surcharger les charriots ou charrettes, on

peut régler la charge à 13 ou 1,400 au plus, pour 4 chevaux.

Il faut charger les munitions espèce par espèce.

BOULETS QU'ON PEUT METTRE SUR LES CHARRIOTS A QUATRE CHEVAUX.

De 33.   40
De 24.   50
De 16.   80
De 12.   100
De 8.   150
De 4.   300
De 3.   400
De 2.   600

Les ridelles des charrettes et chariots seront entrelassées de branches pour les boulets de 24, 16, 12 et 8, afin de les empêcher de tomber.

Les boulets de 4 et de 3 doivent être mis dans des caisses ou mannes.

Les boulets d'une livre et de 2 s'entonnent et on numérote la tonne.

TRANSPORT DES BOULETS DANS LES MONTAGNES.

	de 33.	6
	de 24.	8
	de 16.	14
	de 12.	16
Boulets par mulet.	de 8.	25
	de 4.	50
	de 3.	70
	de 2.	100
	de 1.	200

On les transporte dans des paniers ou sacs de jonc et on charge un mulet de 200 pesant. Il faut avoir soin que les paniers ou sacs soient bons pour que rien ne se perde.

DES POUDRES.

On met 5 barils de poudre enchapés sur chaque charriot ou charrette, ce qui fait 1,250 livres : le baril et la chape pesant 50 livres et la poudre 200.

Pour les montagnes on met la poudre en barils de 100 ensachée ; un mulet en porte deux et quelquefois 25 livres de mèches dans l'entre-bas.

DES BOMBES.

On en met 12 à 135 livres sur chaque charriot.
Ce qui fait 1215
Sur les montagnes un mulet en porte deux attachées l'une à l'autre avec un menu cordage. On met 36 à 40 bombes de 8 sur un charriot, un mulet peut porter 6 bombes de 8.

Les bombes de 6 se mettent dans des paniers ou sacs sur les mulets.

DU PLOMB.

En barils de 200, on en met 6 sur chaque charriot.
Pour les mulets il est en baril de 100 ou en caisse de 100. un mulet en porte 2.

DES GRENADES.

On en met sur un charriot 600, souvent on les entonne.
Si les grenades sont chargées il faut que les fusées soient coiffées, et qu'elles soient bien rangées dans les tonnes avec de la paille pour qu'elles ne ballotent pas. Il serait nécessaire de les placer à la queue du convoi et non avec les poudres. Un mulet en porte 100 dans des paniers, des sacs ou des petits tonneaux.

DES PIERRES A FUSIL.

50.000 en barils, sur un charriot.
Sur un mulet en barils de 100.

OUTILS.

250 bêches, ou écoupes, ou pics-hoyaux ; et en paquet de
25 ; un mulet en porte deux.

DES SERPES.

Elles s'entonnent ; mais quand elles ne le sont pas il faut
entrelasser les ridelles du charriot pour qu'elles ne se perdent pas ; un charriot en porte 600.
Pour les mulets on les met dans des paniers d'osier au
nombre de 50, ainsi le mulet en porte 100.

ARMES DES PIÈCES.

Par paquets et par calibres le long du charriot. Quand il
n'y a que les boites on les met dans des barils.

FER.

Se charge par échantillon.

SACS A TERRE.

Emballés en paquets de 100, douze ballots par charriot ; un
mulet en porte deux.
On les met aussi en tonne.

ARMES DE GUERRE.

Elles se mettent dans des bannes d'osier, rangeant les cros-
ses alternativement aux deux bouts avec de la paille.

S'il y a des baïonnettes on les attache à la grenadière, on
met 25 armes dans chaque banne qui pèseront environ 250.
un charriot en portera quatre.

CORDAGES.

Les cordages s'emballent et on pèse les ballots.

GAUDRON.

Les gaudron, huile, poix noire , poix résine et suif s'entonnent et on pèse les barils.

DES AFFUTS.

Se portent quelquefois sur des charriots, mais on met dans
des barils les esses et les clavettes.

DES PLATES-FORMES.

Il faudra 2 charriots pour une plate-forme.

DES FUSÉES.

Les fusées à bombes et à grenades s'entonnent et se numé-
rotent.

Il sera facile de faire le reste.

DE LA MARCHE.

On mettra un détachement à la tète, un au centre et un à
la queue ; on fera halte de temps en temps et on fera dou-

bler ; en arrivant tous les soirs on fera parquer en posant des sentinelles, il faut faire camper les chevaux à part.

Lorsque c'est un convoi à dos de mulet, on déchargera et on rechargera avec ordre.

TRANSPORT DES MUNITIONS PAR EAU.

Il faut connaître la qualité des bateaux.

Si ce sont des foncets, des chalands, des marnois, des balandes ou autres bâtiments,

Il faut savoir que :

Les foncets chargés prennent l'eau.

Les chalands;

Les marnois;

Les balandes suivant leurs grandeurs.

Il faudra savoir ce qu'ils calent, et si dans le trajet ils trouveront toujours la quantité d'eau nécessaire ; si on en doute il ne faudra pas s'obstiner à charger les bateaux plus que les bateliers ne voudront.

Lorsqu'on charge sur des petites rivières pour entrer ensuite dans une grande, les bateliers renversent ordinairement les munitions dans des grands bateaux : c'est pourquoi il sera à propos d'envoyer quelqu'un de confiance pour être présent à ce renversement et pour prendre garde que rien ne se rompe.

Lorsqu'on charge un bateau il faut le charger bien également et répandre partout le fond les munitions.

Quand on charge des boulets il faut mettre des planches ou fagots sur les courbes pour y faire rouler les boulets par le moyen d'un chaîneau ou de deux planches faisant un angle.

Celui qui jette le boulet sur la coulisse compte à haute voix jusqu'à 100 et met un boulet à chaque 100 contre le compteur; on séparera les boulets dans le bateau avec quelque bois.

Les bombes se portent avec des crochets et se posent doucement de crainte de casser les anses. Pour le canon voyez la manœuvre.

Pour embarquer les affûts on les démonte, en retirant les

roues, ou on les numérote pour les remettre aux mêmes affûts. Le poids des munitions réglera le prix de la voiture.

DEVOIR D'UN COMMISSAIRE D'ARTILLERIE ENVOYÉ DANS UNE PLACE NOUVELLEMENT CONQUISE.

Aussitôt qu'une ville assiégée a capitulé on envoie des officiers d'artillerie dans la place pour faire, conjointement avec les officiers ennemis, inventaire des pièces et munitions de guerre qui y restent.

On rassemblera au plus tôt les poudres dispersées pour les serrer dans les magasins et l'on en fera le compte. On fera mettre des sentinelles partout où il y a des munitions dehors comme plomb, armes et autres sujettes à être volées, jusqu'à ce qu'elles soient sous la clef ou en lieu de sûreté. On comptera tous les canons en marquant les calibres et désignant leurs longueurs, poids, leurs chambres, armes qui sont dessus, le lieu où ils ont été fondus ; si les pièces sont déjà marquées, on désignera celles qui sont défectueuses ou qui ont été dégradées pendant le siége. On comptera tous les affûts de service.

Enfin on vérifiera le mieux qu'il sera possible tout le reste, après quoi on fera un inventaire signé de tous les officiers d'artillerie de la place. On en tirera deux copies aussi signées, dont l'une est donnée aux officiers ennemis et les officiers de la place gardent l'autre signée des officiers ennemis : ce qui se fait dans le cas où l'on rendrait la place avec les munitions qui s'y sont trouvées après la prise.

C'est pourquoi on prendra garde de ne point faire un inventaire plus fort qu'il n'y a de munitions, et bien marquer ce qui est mauvais.

On fermera toutes choses pendant que les ennemis seront dans la place pour qu'ils ne détournent rien.

S'il y a une fonderie dans la place on en fera un inventaire particulier.

Lorsque la garnison sera sortie, le gouverneur nouveau ordonnera que les bourgeois remettent à l'arsenal toutes les munitions qu'ils pourront avoir, sous les peines qu'il jugera à propos.

On demandera des travailleurs au gouverneur pour nettoyer et arranger les magasins.

On fera relier les barils qui en auront besoin, et remplir les barils en vidange, tant de poudre que de plomb.

DES BOIS.

Pour connaître les bois, soit de chêne, orme ou autres, il faut examiner le terrain où ils sont plantés.

Les bois des terrains humides ne sont bons que pour les bois d'équarrissage.

Les bois en bonne terre jaune sont de bonne fente, ont moins d'aubier.

Les bois en terrain sec, caillouteux, sont aussi de bonne fente et moins d'aubier que les autres, mais les arbres ne viennent pas si gros.

On doit abattre les arbres dans le temps qu'ils ont moins de sève et toujours au déclin de la lune. Les bois du nord sont les meilleurs.

Un bon bois, a l'écorce vive, le fil droit; après l'avoir abattu il faut le laisser affermir pendant trois mois sans l'exposer. s'il se peut, au grand soleil, de crainte que le hâle ne le tourmente, ensuite on le débite pour le mettre en état d'être ouvragé : alors s'il se fend ou s'il se gerce c'est marque de force. Le mauvais bois a beaucoup d'aubier, il produit une espèce de champignon et il a des taches noires, blanches et rouges.

L'aubier est produit par la sève et il devient franc-bois en vieillissant lorsque l'arbre est sur pied, mais étant coupé il se pourrit et gâte aussi le bois qu'il touche.

Les bois pour l'artillerie ne sont que l'orme et le chêne : ce n'est que faute de ceux-là qu'on se sert des autres.

DES SCIEURS DE LONG.

Les bois que les scieurs de long scient se réduisent en doubleaux.

Le doubleau est une pièce de bois de 6 pieds de long et de 4 pouces d'équarrissage lequel contient 96 chevilles d'un pied de long et d'un pouce en carré.

Ayant 20 pièces de bois de 15 pieds de long et de 7 à 8 pouces d'équarrissage que l'on veut réduire en doubleau :

Multipliez l'équarrissage d'une de ces pièces 7 par 8, vous aurez 56 pour la superficie du bout qu'il faut multiplier par 20 puisqu'il y a 20 pièces pour avoir 1,120 qui sera la somme des superficies des bouts des 20 pièces comme si ce n'en était qu'une, et puisqu'elles ont 15 pieds de long, multipliez 1,120 par 15 pour avoir 16,800 chevilles, divisez ce nombre par 96, valeur du doubleau, vous aurez 175 doubleaux.

TOISÉ DES BOIS.

Ayant une pièce de bois de 8 sur 9 d'équarrissage, multipliant 8 par 9, on aura 72 pouces carrés, et multipliant ces 72 par la longueur de la pièce en pied, par exemple par 29 pieds, viendra 2,088 chevilles d'un pouce en carré et d'un pied de long desquels les 432 font la pièce ou trois pieds cubes et 360 chevilles. C'est pourquoi divisant 2,088 par 432, on aura 4 pièces ou solives de trois pieds cubes et 360 chevilles qui font les 3/4 d'une pièce et 36 chevilles.

DU BOIS ROND.

Il faut réduire en carré la superficie du cercle soit des bouts ou du milieu si c'est un bois plus gros par un bout que par l'autre, puis opérer comme pour un bois carré.

TROUVER LE DIAMÈTRE D'UNE SPHÈRE CAPABLE D'UNE LIVRE DE POUDRE.

Le pied de poudre cube pèse 64 livres, c'est pourquoi divisant 1,728 pouces cubes que contient un pied cube par 64, viendra 27 pouces pour la sphère d'une livre de poudre.

La géométrie enseigne qu'une sphère est au cube de son

axe comme 11 à 21 : donc si 11 donne 21, 27 donnera 51 6/11 pour le cube circonscrit à la sphère d'une livre de poudre et dont la racine cube est 3 pouces 0,7 points sera le diamètre d'une sphère capable d'une livre de poudre.

TROUVER LA CHAMBRE CONCAVE D'UN MORTIER CAPABLE DE HUIT LIVRES DE POUDRE.

Puisque la livre de poudre contient 27 pouces cubes multipliant 27 par 28 on aura 216 pouces cubes pour celui de cette chambre, et pour avoir le cube circonscrit à cette sphère il faut dire si 11 donne 21, combien 216 ; viendront 412 4/11 pour ce cube dont il faut extraire la racine carrée qui sera 7 pouces 5 lignes 3/12 qui sera le diamètre de la chambre contenant 8 livres de poudre, que l'on fera de 7 pouces 6 lignes à cause qu'elle est tronquée par le collet.

AYANT LE DIAMÈTRE D'UNE CHAMBRE, TROUVER CE QU'ELLE CONTIENT DE POUDRE.

Le diamètre est 7 pouces 5 lignes 3/12 ; il faut tout en 12ᵉ pour avoir 1,071 points cubes, c'est 1,228,480,911, puis dire: si 21 donne 11 combien 1,228,480,911 viendra 643,490,001. et comme 27 pouces cubes contiennent 80.611.568 points il faudra diviser ce nombre 643.490.001 par 80.611.568 pour avoir 7 livres $\frac{79289\ 95}{80611.568}$.

TABLES

Des portées de différents Mortiers.

PORTÉES DU MORTIER CYLINDRIQUE.

DEGRÉS.	A 1 LIVRE.	A 2 LIVRES.	A 2 LIVRES sans terre.	DEGRÉS FIXES	en changeant les charges.
15	70	80	25		à $\frac{1}{2}$ livre. . 60 t.
16	73	84	28		à $\frac{3}{4}$. 80
17	76	88	31		à 1 livre . . 130
18	79	92	34	45 "	à 1 $\frac{1}{4}$. 170
19	82	96	37		à 1 $\frac{1}{2}$. 200
20	85	100	40		à 1 $\frac{3}{4}$. 250
21	88	104	43		
22	91	108	46		
23	94	112	49		
24	97	116	52		
25	100	120	55		
26	104	124	58		
27	108	128	61		
28	112	133	64		
29	116	136	67		
30	120	140	70		
31	123	162	65		

DEGRÉS.	A 1 LIVRE.	A 2 LIVRES.	A 2 LIVRES sans terre.	DEGRÉS FIXES	en augmentant les charges.
32	126	184	62		à $\frac{1}{2}$ livre . . 50 t.
33	129	206	55		à $\frac{3}{4}$. 60
34	132	228	50		à 1 livre . . 100
35	135	250	45	35°	à 1 $\frac{1}{4}$. 170
36	134	256			à 1 $\frac{1}{2}$. 180
37	133	262			à 1 $\frac{3}{4}$. 200
38	132	268			à 2 280
39	131	274			
40	130	280			

TABLE DES PORTÉES DES MORTIERS POIRES.

DEGRÉS.	A 1 LIVRE.	A 2 LIVRES.	A 2 LIVRES sans terre.	DEGRÉS FIXES	en augmentant les charges.
15	100	186	90		à $\frac{1}{2}$ . . . . 80 t.
16	104	192	99		à $\frac{3}{4}$ 110
17	108	198	108		à 1 116
18	112	204	117	40°	à 1 $\frac{1}{4}$ 240
19	116	210	126		à 1 $\frac{1}{2}$ 300
20	120	218	135		à 1 $\frac{3}{4}$ 340
21	126	222	137		à 2 360
22	132	226	139		
23	138	230	141		
24	144	234	143		
25	150	238	145		
26	153	248	155		
27	156	258	165		
28	159	268	175		
29	162	278	185		
30	165	288	195		
31	168	302	185		
32	171	316	175		
33	174	330	165		
34	177	344	155		
35	180	360	145		

DEGRÉS.	A 1 LIVRE.	A 2 LIVRES.	A 2 LIVRES sans terre.	DEGRÉS FIXES	en augmentant les charges.
36	184	368	134		à $\frac{1}{2}$ . . . 100
37	188	378	127		à $\frac{3}{4}$ . . . 150
38	192	388	120		à 1 240
39	196	398	113	40°	à 1 $\frac{1}{4}$ 270
40	200	408	106		à 1 $\frac{1}{2}$ 380
41	194	398			à 1 $\frac{3}{4}$ . . . 400
42	188	386			à 2 420
43	182	374			
44	176	362			
45	160	350			

TABLE DES PORTÉES DU MORTIER CONE.

DEGRÉS.	POUDRE.		TOISES.
20.	à 1 l.		50
25.	à 1	$\frac{1}{2}$	70
30.	à 2		110
35.	à 2	$\frac{1}{2}$	140
40.	à 3		220
45.	à 3	$\frac{1}{2}$	217
40 {	à 4		280
{	à 5		368
45.	à 5		330

PLATES—FORMES.

Faites en pente de 8 pouces sur 6 pieds, et de 9 pouces
d'équarrissage pour les madriers, sur lesquels on a tiré 3
mortiers, savoir une poire de 12 pouces, un cylindrique et
un cône toujours pointés à 40° en augmentant depuis un
quarteron ainsi que la table ci-après le fait voir.

CHAMBRES DES MORTIERS AVEC LESQUELS ON FAIT LA TABLE.

	CYLINDRIQUES.		POIRES.	
Longueur	9 po.	»	8 po.	6
Diamètre.	5	2	4	2
Diamètre au plus large.	»	»	5	»
Contient de poudre.	»	»	»	»

POIDS DES BOMBES REMPLIES DE TERRE, AVEC LESQUELLES ON FAIT
LA TABLE.

	CYLINDRIQUE.	POIRE.
Une de	137 liv.	135 liv.
Une de	138	137

Et on a tiré deux coups de chaque bombe.

LES MORTIERS TOUJOURS POINTÉS A $40°$ ONT PORTÉ :

	CYLINDRIQUE.	POIRE.
A 1/4.	13 to	29
	10 $\frac{1}{2}$	21
A 1/2.	58	105
	57	102
A 3/4.	110	197
	97	191
A 1'.	147	257
	127	265
A 1' 1/4.	204	343
	234	339

RÉGLE POUR CONNAITRE LA ROSETTE ET L'ÉTAIN QUI FONT
LE MÉTAL D'UNE PIÈCE DE 24, PESANT 5,200 LIVRES.

DE LA DIMINCTION DU POIDS DES MÉTAUX DANS L'EAU.

Le plomb plongé dans l'eau perd $\frac{1}{12}$ de son poids, c'est-à-dire qu'un saumon de plomb pesant 48 livres étant plongé dans l'eau ne pesera plus que 44 livres : ce qui se voit en l'attachant à une romaine.

La rosette perd 1/9 de son poids.

L'étain perd 1/7 de son poids.

TROUVER LE CUIVRE OU ROSETTE ET L'ÉTAIN D'UNE PIÈCE DE 24 PESANT 2,500 LIVRES.

Il faut avoir un tronçon de la pièce que l'on suposera ici peser juste 163 livres en l'air, et dans l'eau 144, c'est-à-dire qu'elle aura perdu 19 livres de son poids.

Si on considère tout le tronçon comme étant entièrement de rosette, il faudra diviser 163 par 9 pour avoir sa perte qui sera exprimée par $\frac{163}{9}$ et supposant que ce tronçon est tout d'étain sa perte sera par la même raison $\frac{163}{7}$.

Nommant a la pesanteur du tronçon 163 on aura. . . . 163 = a

Nommant b sa perte dans l'eau, 19 on aura. . . . . 19 = b

Nommant c sa perte dans l'eau s'il était tout de rosette $\frac{163}{9}$ on aura. . . . . $\frac{163}{9}$ = c

Nommant d sa perte dans l'eau si c'était tout étain on aura. $\frac{163}{7}$ = d

Nommant x la quantité de rosette.

Nommant y la quantité d'étain.

On aura cette récapitulation.

Tronçon 163 qui perd dans l'eau 19.

163 = a pesanteur du tronçon.

19 = b perte dans l'eau.

163 = c perte dans l'eau étant tout cuivre.

163 = d perte dans l'eau étant tout étain.

x Quantité de rosette }
y Quantité de cuivre } inconnues.

Il faut faire deux règles de trois.

1 Si $a : c :: x : \frac{cx}{a}$ = perte de x

2 Si a . d : : y $\dfrac{d x}{a}$ perte de y.

3 Donc $\dfrac{c x}{a} + \dfrac{d y}{a} = \dfrac{b}{a}$ mais 4 . x + y = a et en transposant

5 . 5 x = a — y,

Et mettant à la place de x de l'équation 3. Sa valeur a — y on aura :

6. $\dfrac{c a - c y - d y}{a} = b$

Divisant seulement c a par a on aura :

7. $\dfrac{c x + d y}{a} = b$

Faisant passer c dans le second membre :

8. $\dfrac{d y + c y}{a} = b - c$

Multipliant par a :

9. $d y + c y = a b - a c.$

Divisant par d — c du premier membre :

10. $y = \dfrac{a b - a c}{d - c}$

Mettant dans la 5ᵉ équation à la place de y sa valeur $\dfrac{a b - a c}{d - c}$ on

aura cette équation :

11. $x = a - \dfrac{a b - a c}{d - c}$

Donc. $\begin{cases} y = \dfrac{a b - a c}{d - c} \\ x = a - \dfrac{a b - a c}{d - c} \end{cases}$

Ce qui fait voir que les inconnues x et y qui sont la rosette et l'étain
sont connues puisqu'elles sont égales à des grandeurs connues ce qui va
s'éclaircir par des nombres vulgaires.

a = 163

b = 19

c = $\frac{163}{9}$

d = $\frac{163}{7}$

Puisqu'on a b — c dans l'équation $y = \dfrac{ab - ac}{d - c}$ il faut ôter $\frac{163}{9}$ de
19 et restera $\frac{8}{9}$ mais b — c est multiplié par a, il faut donc multiplier
par a, ou multiplier 163 par $\frac{8}{9}$ pour avoir $\frac{1304}{9}$ qu'il faut diviser par
d — c

Mais d = $\frac{163}{7}$ et c = $\frac{163}{9}$

Il faut donc ôter $\frac{163}{9}$ de $\frac{163}{7}$ pour avoir $\frac{326}{63}$ valeur de d — c diviseur de $\frac{1304}{9}$

La division faite viendra 28, valeur de y ou la quantité d'étain qui est
dans le tronçon de métal pesant 163, de sorte que, ôtant les 28 livres d'é-
tain de 163 restera 135 livres de rosette, ainsi le tronçon ou la pièce est
alliée sur le pied de 135 livres de rosette et 28 livres d'étain.

TROUVER LA ROSETTE ET L'ÉTAIN DANS TOUTE LA PIÈCE PESANT 5,200.

Il faut dire si 163 donne 28 combien 5,200, la règle faite viendra
893 $\frac{41}{163}$ pour l'étain et l'ôtant de 5,200 reste 4,306 $\frac{122}{163}$ de rosette.

TROUVER CET ÉTAIN C'EST PAR 100.

Si 5,200 donne 893 $\frac{41}{163}$ combien 100, la règle faite viendra 17 liv. $\frac{[illegible]}{21110}$
d'étain.

Mais cette quantité est trop forte puisqu'on n'allie que sur le pied de 8,
10 et 12 pour 100 de rosette.

TROUVER CE QU'IL FAUT AJOUTER DE ROSETTE A $5,200$ DE MÉTAL QUI EST ALLIÉ SUR LE PIED DE LA RAISON DE $4306 \frac{122}{163}$ A $893 \frac{41}{163}$ OU DE CELLE $17 \frac{377}{2119}$ A 100

De $4,306 \frac{122}{163}$ à $893 \frac{41}{163}$ ou de celle $17 \frac{377}{2119}$ à 100.

Il faut dire si 10 d'étain donne 100 de rosette combien donnera $893 \frac{41}{163}$; la règle faite, viendra $8,932 \frac{84}{163}$ de rosette, et comme il y en a déjà $4,306 \frac{122}{163}$, ôtant l'un de l'autre, restera $4,625 \frac{125}{163}$ de rosette qu'il faut ajouter à $5,200$ pour avoir $9,825 \frac{125}{163}$ ce qui sera allié à raison de 10 pour 100.

PREUVE.

Si pour 110 livres on a mis 100 livres de rosette, combien a-t-on mis pour $9,825, \frac{1259}{163}$? la règle faite viendra le même nombre de $8,932 \frac{84}{163}$

TABLE D'ARTIFICE ET USTENSILES POUR FAIRE LES FUSÉES.

Pl. 3, fig. 1re.

A Table d'artifice que l'on fait si grande que l'on veut, à laquelle il y a un trou en B par lequel on verse les matières dans les barils ou gamelles après qu'on les a écrasées avec l'égrugeoir C pour les passer au tamis de soie ou tambour D.

E Table pour charger les fusées à bombes, mais chacun son billot F sur lequel on charge en particulier fait mieux.

G Chaudière pour réduire le salpêtre en farine et le faisant fondre dans l'eau puis évaporer l'eau sur le feu et remuant sans cesse avec la pelle H.

Qui est de fer un peu creusée en M percée; I tourteau de mèche que l'on fait de quelle grandeur qu'on veut.

L Fascine liée avec de la mèche si grosse que l'on veut, on les peut faire aussi grosses qu'un fagot ordinaire.

N Tamis de soie à deux fonds.

O Spatules de bois pour remuer le salpêtre.

FUSÉES A BOMBE.

Pl. 3, fig. 2.

A Profil d'une fusée à bombe de 12 qui a   pouces de longueur.

Diamètre au gros bout.

Diamètre au petit bout.

B Baguettes à charger les fusées.

C Masse pour battre sur les baguettes.

D Morceau de toile bonne pour balles à feu de 11 pouces sur 9.

O Morceau de toile plié, les deux bouts portant l'un sur l'autre pour faire deux coutures éloignées d'un pouce EF.

G Ficelle passée avec un poinçon pour faire plisser la toile et en faire un sac que l'on verra par la figure.

H Baguette de bois juste au sac pour presser la composition.

SACS DES FUSÉES A BOMBE.

Pl. 3, fig. 3.

A Sac plissé en B.

C Le sac retourné.

D Coupe du sac rempli de composition qu'on a refoulé avec la baguette H, de la fig. 2.

I Petite baguette enfoncée dans la composition sur laquelle on lie le sac comme en L.

M Le restant du sac qu'on a coupé en long et rendoublé sur le sac, ce qui fait voir la petite baguette.

On retire cette petite baguette et on remplit le trou de la même composition, puis on amorce le dessus du trou avec de la poudre mouillée.

COMPOSITION DES FUSÉES A BOMBES.

Salpêtre.	4
Soufre.	2
Poudre	7

COMPOSITION DES FUSÉES A GRENADES.

Poudre 7
Salpêtre. 5
Soufre. 2

COMPOSITION DES BALLES A FEU OU PELOTTES.

Salpêtre. 16
Soufre. 8
Antimoine cru. 1
Poudre 1/2
Imbibé d'un quart d'huile de lin.

PROFIL.

Pl. 3. fig. 4.

D'une fusée pour sac à poudre.

ÉTOILE.

Que l'on tire dans un fusil.

COMPOSITION.

Salpêtre. 8
Soufre. 4
Poudre 4
Antimoine 0   3/4

Il faut détremper cette composition dans du blanc d'œuf,
et en faire de petites balles que l'on couvrira d'amorce aussi
détrempée de blanc d'œuf, le tout faisant une balle facile
à entrer dans le canon du fusil.

Pour les tirer il faudra charger le fusil seulement de la
quantité de poudre qu'il en peut contenir dans le bassinet,
puis mettre une balle dessus, ensuite un peu de pulverin, puis
une autre balle, et un peu de pulverin et encore une autre

balle, et ainsi jusqu'à 4 ou 5 balles. Il sera bon de gratter un peu les balles lorsqu'on les voudra tirer.

USTENSILES POUR FAIRE LES BALLES A FEU, ÉTOILES OU FUSÉES VOLANTES.
Pl. 3, fig. 5.

A Profil de la balle ou étoile où on voit la composition et l'amorce la couvrant et qui doit être à peu près de cette épaisseur.

B Balle.

C Moule de bois percé pour fusée volante, de 18 lignes de diamètre et qui a de longueur 7 calibres.

D Culot du moule qui entre dedans d'un calibre, l'étranglure E et la baguette à rouler F les 3/4 du diamètre du moule, la baguette G à charger, un peu plus menu.

H Cartouche de papier sans colle.

I Profil de la cartouche sur laquelle on met une petite planche et faisant rouler la cartouche dessous elle fait serrer le papier.

L Tampon de bois que l'on met dans la cartouche pour la contenir.

SACS A POUDRE.
Pl. 4.

A Sac double comme celui des balles à feu que l'on peut faire plus grand et que l'on plisse et retourne.

B Sac retourné rempli de poudre sur laquelle on a posé la fusée, C chargé de composition à grenade.

D Sac étranglé sur la fusée.

E Sac duquel on a rempli l'étranglure que l'on colle au sac avec de la colle de farine sur la fusée duquel on a mis un peu de pulverin.

F Sac sur la fusée duquel on a mis une feuille de papier qu'on a étranglée autour de la fusée avec du fil en double ou en triple, et où on a lié une ficelle et laissé un bout G pour pouvoir tremper le sac dans le gaudron.

H Coupe du sac.

FUSÉES A BOMBES DE **18**, DE **12**, DE **8**, DE **6**, A GRENADES.

Longueur	10 p.	9 p.	7 p 8 l.	2 p 6 l.	3 p. $\frac{1}{2}$
Gros bout.	22 l.	18 l.	14 l.	8 l.	5 l.
Petit bout	18	14	11	5	6
Lumière	5 $\frac{1}{2}$	5	4	2	2 $\frac{1}{2}$

BAGUETTES.

De fer.
- de 12. . . . . . 11 pouces.
- de 8. . . . . . 9 id. 1/2

De grenade. 3

Bois sec pour fusées.
- frêne.
- noyer.
- tilleul.

DÉFAUTS DES FUSÉES.

Éventées.
Mal percées.
Mal nettoyées en dedans.

MATIÈRES POUR FUSÉES.

Salpêtre rafiné ou en farine.
Soufre pilé.
Poudre passée au tamis ainsi que le salpêtre et le soufre.

COMPOSITION POUR FUSÉES A BOMBES ET A GRENADES.

	A bombes.			A grenades.		
Poudre.	5	5	5	5	6	6
Salpêtre.	3	3	2	2	2	4
Soufre.	2	1	1	1	1	2

Compte des fusées. { à bombes. { de 12 . .   76 à 80
                                { de 8 . .   45 à 50
                    { à grenades. . . . .   18 à 20

ONGUENT POUR FUSÉES ET LUMIÈRES DE BOMBES.

Huile . . . .   2 pintes.
Vieux oing. . . . .   8 livres.
Colophane.   20
Cire neuve   20

AUTRE.

Cire.
Suif.
Vieux oing.
Huile.

RAFINER LE SALPÊTRE.

Il faut d'abord faire chauffer de l'eau dans une chaudière
de fer, y mettre le salpêtre ensuite, le couvrir et le laisser un
quart-d'heure, de manière qu'il y ait assez d'eau pour le cacher, puis le faire bouillir en le remuant sans cesse avec une
pelle de fer ou autre faite exprès comme on la dit plus haut,
jusqu'à évaporation entière de l'eau. Le salpêtre pour lors se
réduira en farine blanche, ce que les bombardiers appellent
salpêtre fariné et rafiné.

BALLE A FEU.

Elle doit peser toute faite 75 à 80 livres.

MATIÈRES POUR LA FAIRE.

Poix noire.
Suif.

Huile de lin.
Colophane.
Pouleverin.
Soufre.
Étoupes.

COMPOSITION.

Salpêtre.	8 parties.
Soufre.	2 parties.
Poudre tamisée.	5/8
Verre tamisé.	5/8
Colophane broyée.	3/8

CONSTRUCTION.

Il faut faire un sac de toile rond du diamètre du mortier, et le tremper dans la cire jaune et thérébentine, il faut que ce sac soit double et à double couture.

Avant de mettre la composition dans le sac il faut y placer une grenade, puis remplir le sac et bien coudre l'ouverture, mettant une ficelle pour le tenir en l'air, ensuite on met un plateau de fer ou de plomb que l'on entretient avec du fil ou du laiton, et après l'avoir bien cordelé on y applique 50 ou 60 petits canons chargés à crever et on la trempe dans du gaudron, ensuite on la perce pour y faire la fusée que l'on charge de composition à bombe.

CARTOUCHE A FUSIL POUR METTRE LE FEU.

C'est une petite boîte de fer blanc percée à jour de 3 pouces de long du diamètre d'un fusil, au bout de laquelle on met une balle de plomb du calibre et on emplit cette cartouche de cette composition.

COMPOSITION.

De la filasse trempée dans de l'esprit de vin et du camphre

pendant 24 heures dans un pot bien bouché, puis prenez :

1 mesure d'huile de lin.
1 mesure d'huile de thérébentine.
1 once de colophane.

Bouillir le tout ensemble en y jetant deux mesures de poudre grainée, une demi-mesure de salpêtre, un quart de soufre dans quoi vous tremperez la filasse et dont vous remplirez la cartouche sur laquelle on répand du pouleverin.

PELOTTES.

Elles se font de la composition des balles à feu, elles se jettent à la main, on les peut faire plus grosses pour les faire rouler par-dessus le parapet, sur les ponts et galeries mettant au fond des grenades.

TOURTEAUX.

Quatre brasses de mèche battue bouillie dans de la térébenthine et séchée sur des planches.

AUTRE.

Il faut deux chaudières dans une desquelles vous mettrez fondre de la poix blanche; quand elle sera fondue vous y jeterez les tourteaux pour les bien faire bouillir puis les retirer pour les laisser sécher.

On se graisse les mains avec du suif pour former les tourteaux et pour les mettre dans l'autre chaudière où on aura mis fondre :

Poix noire. . . . . 4 parties.
Poix-résine. 4
Suif de mouton 1
Huile de lin 1
Crasse d'huile de noix 1
Pouleverin. 4

Les retirer et les laisser sécher sur une planche en les saupoudrant de soufre.

AUTRE COMPOSITION.

Gaudron.	3 parties.
Poix	6
Colophane	2
Huile.	1 pinte.

BARIL FOUDROYANT.

Mettre un lit de poudre.
      un lit de grenade.
      un lit d'étoupille.

Et recommencer jusqu'à ce que le baril soit plein. puis mettre une fusée à chaque fond pour le descendre sur les galeries ou faire rouler sur les brèches; on y peut mettre des petits canons chargés à crever.

CARCASSE.

Garnir la carcasse de corde et d'un sac pour y couler la composition, la percer quand elle sera encore chaude pour y faire les fusées.

AUTRE.

Salpêtre	17 parties.
Soufre.	8
Pouleverin	3
Poudre grainée	3
Colophane.	3
Verre pilé.	3
Camphre.	3

PELOTTES.

Poix noire.	3 livres.
Colophane.	3
Poudre grainée.	4
Soufre.	2
Salpêtre	1
Etoupes	1 once.

AUTRE.

Poix noire.	2 livres.
Suif.	2 onces.
Colophane.	4 —
Poudre.	5 livres.
Etoupes	1 once.

AUTRE.

Poix	2 livres.
Colophane.	1 —
Suif.	4 onces.
Térébenthine.	1/8
Poudre.	6 livres.
Soufre.	1/2 livre.
Salpêtre	3/4
Etoupes	1 once.

Faire des boules dans du papier puis percer une fusée.

BALLES A FEU TRÉS CLAIRES.

Soufre.	1 livre.
Salpêtre	3
Gomme arabique.	1/2
Orpiment.	4 onces.

Mêler le tout et l'arroser de vin blanc pour en faire une

pâte dans laquelle vous mettrez 1/2 livre de verre pilé en petits grains passés au gros tamis de crin, et de cette composition
en faire des balles.

BALLES D'EAU.

Salpêtre . . . .   12 parties.
Soufre.   18
Camphre.   2
Dissous dans de l'eau-de-vie.
Huile de pétrole. . . . .   2 onces.
Huile de lin.   6
Le tout dans un sac ficelé, gaudronné et y faire une lu-
mière.

COMPLÉMENT

A

L'EXPLICATION DES PLANCHES.

DEGRÉS.

Pl. 4.

On voit par cette figure la manière dont on divise un cercle. Pour les sphères et les instruments de mathématique on le divise en entier, mais pour les mortiers on n'a besoin que d'un quart et même d'un demi-quart.

MESURE DE FER BLANC.

Pl. 4.

A. Mesure de fer blanc dont la hauteur est égale à son diamètre.

B. Mesure de fer blanc dont la hauteur est égale à son diamètre et un quart.

COUPE DU FOURNEAU DE RÉVERBÈRE.

Pl. 4.

A. Fourneau.
B. Ventouse.
C. Fosse.
D. Chauffe.

DIAMÈTRE DU BOULET.

Pl. 7, fig. 2.

AB. Diamètre du boulet.
Aux boulets, on appelle l'axe A B diamètre.
Mais aux pièces, le diamètre de l'âme C D est appelé calibre.
Lorsqu'un boulet est trop gros ou trop petit pour la pièce, on dit qu'il n'est pas de calibre.

ÉPREUVE DES PIÈCES.

Pl. 7.

A. Bougie au bout d'une hampe B, pour découvrir les défectuosités qui peuvent se trouver dans l'âme de la pièce.
D. Chantiers qui portent la pièce.
E. Coupe d'un champ d'épreuve.
F. Trou qu'on a fait dans le terrain pour mettre la culasse de la pièce qui pose sur un chantier G, lequel élève la volée H.
I. Fusée à grenade ou de carton posée sur la lumière et contenue avec de la terre grasse : on met le feu à cette fusée avec

une mèche pour le communiquer à la lumière de la pièce.
après quoi on se retire.

LE CHAT.

Pl. 7 et fig. 3

A. Chat à trois griffes qui se voient dans l'âme. et qui tendent
toujours à s'écarter de manière que les pointes coudées grattent
la pièce, en poussant et tournant ces pointes ; une d'elles
entre dans les chambres quand il s'y en trouve, comme en
BBB.

Pour retirer le chat dehors on introduit la hampe A
dans l'anneau F, lequel étant poussé resserre les griffes ou
branches du chat, ce qui donne le moyen de retirer le tout
ensemble hors de la pièce ; mais auparavant on marque la
hampe A pour savoir à quelle distance est la chambre.

Ensuite on met le chat G pour connaître en quelle partie
est la chambre dessus ou dessous, après cela on met de la
terre grasse sur le chat D pour avoir le cône E que l'on introduit dans la pièce, et lorsque la pointe E entre dans la chambre, elle se refoule et laisse la pointe découverte de la profondeur de la chambre, dont la terre prend aussi l'empreinte.

ARMES DES PIÈCES.

Pl. 7. fig. 4.

A. Lanterne.
B. Refouloir.
C. Écouvillon.
D. Dégorgeoir.
E. Levier.
F. Boute-feu.
G. Tire-bourre.
H. Coin de mire.
I. Hampes.

CONSTRUCTION DE LA LANTERNE.

Pl. 8, fig. 1re, et Pl. 7, fig. 5.

A G H. Plaque de cuivre coupée pour faire une lanterne.

Les trois cercles B C D font trois calibres du boulet pour la longueur, les deux cercles E F la largeur, le reste un demi-calibre.

G H. Enveloppe la boîte comme on le voit en I et à 3 fois 1/7 le diamètre de la boîte.

La boîte est mieux faite, elle a un calibre de long et 1/3 pour le quart de rond M M. et l'emplacement de la virolle N qui est aussi de cuivre.

La lanterne clouée avec des clous de cuivre.

O. Profil de la lanterne en long où on voit le bout de la hampe qui entre dans la boîte, lequel est chevillé en P.

La boîte a une petite entaille de l'épaisseur du cuivre pour qu'il s'y loge, il faut pourtant qu'elle soit assez profonde pour que la tête des clous n'excède pas la boîte, ce qui gratterait dans la pièce.

PROFIL DES ARMES DES PIÈCES.

Pl. 8, fig. 2.

A. Refouloir comme la boîte de lanterne, sans entaille virollé en B.

C. Profil ou coupe du refouloir, la hampe chevillée en D.

E. Écouvillon.

F. Tire-bourre.

G. Boute-feu.

O. Dégorgeoirs.

P. Coin de mire.

Q. Entaille pour mettre les doigts afin de reculer ou avancer le coin de mire plus facilement.

R. Chapiteau qui n'est fermé que d'un bout S.

T. Calibre pour calibrer les boulets.

DIMENSIONS POUR LA CONSTRUCTION D'UN AFFUT.

Pl. 8, fig. 3 et 4.

A B. Diamètre derrière les tourillons.

CD. Diamètre de la plate-bande de culasse.

E F. Distance du derrière les tourillons à la plate-bande de la culasse.

G H. Diamètre des tourillons.

Voilà les quatre dimensions nécessaires à la construction d'un affût pour une pièce.

I. Fronteau de mire; on pointe par l'ouverture I.

FLASQUE

Pl. 9, fig. 1er.

A. Flasque.

B. Tête. C, Cintre. D, Coude. E, Entaille de l'essieu.

F. Crosse. G, Entaille des tourillons.

H. Entretoise de lunette.

M. Entretoise de couche, ou de mire ou de volée.

I. Tenons.

MOYEU.

Pl. 9, fig. 1er.

L moyeu pour le tracer ; A B longueur du moyeu ; C D bouge du moyeu au milieu et perpendiculaire à A B ; E F gros bout : G H petit bout aussi perpendiculaire à A B ; posez le compas dans K X de façon que K et X soient les centres des arcs C E et D F ; coupez les arcs C E et D F en deux également en I et en H : puis menez I G H H, prolongez les arcs de la largeur du cordon D O et C Q pour mener Q O d'où commencera le coltement ou arrondissement QR. OS.

Pour tracer les mortaises selon leur largeur. faites Y V égale au diamètre du bouge CD, et faites le demi-cercle Y, 2, 3, 4, 5, 6, V, que vous diviserez en 6 parties égales. Y 2; 2, 3; 3, 4; 4, 5; 5, 6; 6 V, de chaque côté des points 2. 3. 4. 5, 6 ; mettez la moitié de la largeur des mortaises pour abaisser des perpendiculaires sur CD. qui détermineront les mortaises fuyantes,

Z. Jante.

4. Goujon.

RAYS.

Pl. 9, fig. 2.

A. Rays.

B. Profils des jantes.

C. Patte du ray.

D. Crochet.

E. Broche.

F. Coin, enfoncé dans la broche pour la faire serrer contre la jante.

G. Moyeu.

H. Essieu.

I. Corps de l'essieu.

L. Épaulement.

M. Fusée.

N. Boîte du petit trou du moyeu.

O. Boîte du gros bout du moyeu.

HI. Hauteur de l'essieu.

F F. Hauteur de la roue.

P. Entaille de l'essieu.

LIMONIÈRE.

Pl. 9, fig. 3.

A. Limonière.

B. Entretoise.

C. Épars.
D. Sellette d'avant-train.
EF. Entailles.
G. Flèche de charriot à canon.
K. Mufle.
H. Empanons.
I. Armons. L. Entretoise. M. Sassoire.
N. Brancards de haquet.
M. Brancards de charriot à canon.
O. Échantignole.

HAQUET.

Pl. 9, fig. 4.

A. Support de haquet. B et C profils des brancards.
D. Plat-bord de ponton.
E. Avant-bouts.
F. Courbes.
G. Madriers de ponton.
H. Poutrelles.
I. Limons de charrette.
L. Burettes. On n'en a dessiné que 3 pour voir les Épars.
M. Ridelles.
N. Roulons.
O. Épars montants.
P. Épars.
Q. Échantignole.
R. Établage.

PLATE-FORME.

Pl. 9. fig. 5, et Pl. 10. fig. 1re.

A. Plate-forme à canon.
B. Heurtoir.
1, 2, 3, 4, 5, 6, 7, 8, 9, 10. 11, 12, 13, 14 madriers.
C. Lambourdes.
D. Plate-forme à mortier.
E. Madriers

Si on veut que la plate-forme à canon **A** fasse la queue d'aronde, il faudra couper les madriers selon les lignes ponctuées **D E** et **F G**, ce qui n'est pas absolument nécessaire : cependant on le fait aux écoles.

VOIE.
Pl. 10, fig. 2.

A B. Dehors des roues; **A C**. **B D**. est ce que l'on appelle voie.

BOIS POUR LA CONSTRUCTION D'UN AFFUT.
Pl. 10.

D. Pied d'arbre pour flasques; quand les arbres sont naturellement cintrés comme **E**, les affûts en sont bien meilleurs. car le bois est de fil partout.

F. Pied d'arbre pour moyeux.

G. Bille de jante.

H. Pied d'arbres pour rays. On coupe ce pied d'arbre, ou plutôt on le scie en morceaux de la longueur des rays comme le billot **I**, que l'on refend en 5 ou 6, ce qui fait des prismes triangulaires dont on fait les rays et dont on ôte l'écorce; ce qui s'appelle bois de quartier.

BOIS POUR ESSIEU (voir la figure).

POUR LIMONIÈRE.

Quand le bois peut être cintré pour les limonières. elles en sont meilleures.

PIED D'ARBRE POUR FLÈCHE.

EMPANON CINTRÉ.

Il faut, si faire se peut. en prendre deux dans le morceau.

Armon cintré ; il faut s'il se peut en prendre deux dans le morceau.

A. Essieu, B fusées. Lorsque le charron fait les fusées B il présente souvent les boîtes C pour ne les pas faire trop menues.

D. Moyeu. Lorsque le moyeu est prêt on y fait des entailles aux deux bouts pour y mettre les boîtes E, qui sont retenues par les tenons G que l'on voit à la boîte F, et par-dessus ces tenons on y met des crampons pour empêcher la boîte de sortir, ce que l'on voit au moyeu H vu par le petit bout.

I. Crampon.

FERRURES D'AFFUTS.

Pl. 11, fig. 1.

A. Contre-heurtoir entaillé au bout B, pour recevoir la tête du heurtoir C.

D. Contre-heurtoir avec l'heurtoir C.

C. Heurtoir, E écusson, F tige.

G. Cheville à charnière.

H. Chevilles à tête de diamant.

I. Clavettes.

L. Susbandes.

M. Charnière.

N. Cheville à tête plate.

O. Boulon.

P. Contre-rivure carrée.

Q. Crochet de retraite.

R. Crochet.

S. Plaque ou bande.

SUITE DES FERRURES.

Pl. 11, fig. 2.

A. Bout d'affûts.

B. Tête d'affût.

C. Lien de flasque.

D. Lunette.

E. Bande, plaque ou lien de lunette.

F. Anneau d'embreslage et son boulon.

G. Contre-lunette.

H. Envis ou saye.

I. Clous à tête de diamant.

L. Clous à tête plate.

SUITE DES FERRURES.

Pl. 11, fig. 3.

A. Bande de roue percée pour 10 clous.

B. Clou de roue.

C. Lien double.

D. Lien simple.

E. Clef de lien.

F. Frette ou cordon.

G. Caboche.

H. Boîte.

I. Crampon.

L. Équignon.

M. Esse.

N. Envis ou saye.

O. Braban.

P. Maille.

Q. Anneau d'essieu.

R. Heurtequin.

S. Étrier.

AFFUT DE **24** VU DE COTÉ ET EN DESSUS.

Pl. 12, fig. 1re.

A. Flasque

B. Tête   ⎰ les deux flasques forment l'af-

C. Crosse   ⎱ fût.

D. Entaille du tourillon

E. Essieu.
F. Moyeu }
G. Rays   } forment la roue.   4 liens des flaques.
H. Jantes }
I. Cintre   5 anneaux d'embreslage.
L. Coude   6 lunette.
M. Relief   7 boulon.
N. Entretoise de volée   8 liens.
O. Entretoise de couche   9 liens simples.
P. Entretoise de mire   10 frette.
Q. Semelle   11 cordon.
R. Entretoise de lunette   12 heurlequin.

FERRURES.

S. Contre-heurtoirs.
T. Heurtoirs.
V. Susbandes.
X. Chevilles à tête de diamant.
Y. Chevilles à charnière.
Z. Chevilles à tête plate.
2 crochets de retraite.
3 contre-rivures.

AFFUT DE 24 EN DESSOUS.
Pl. 12, fig. 2.

A. Contre-lunette ou contre-plaque.
B. Bouts d'affûts.
C. Étriers.
D. Têtes d'affûts.
E. Virolles ou contre-rivures.

FERRURES D'AVANT-TRAIN.
Pl. 14.

Les ferrures d'un avant-train pour l'essieu et les rouages
sont semblables à celles qu'on a désignées ci-devant.

A. Chaperon ou coffre de la sellette.

B. Cheville ouvrière.

C. Étrier qui embrasse la sellette et l'essieu.

D. Saye ou cheville qui passe à travers la sellette et l'essieu jusqu'à l'équignon.

E. Contre-Saye qui entre dans le bout de la limonière et clouée à la sellette derrière.

F. Ragot dans lequel on met les reculoirs.

CONSTRUCTION D'UN CHARRIOT PORTE-CORPS.

DU PROFIL.

Pl. 15, fig. 5.

Menez la ligne horizontale AB, sur laquelle prenez CD, de 5 pouces 1/2 pour la largeur de l'essieu et élevez en CD des perpendiculaires; faites CF de 8 pieds 1/2 et FE égale à CD. élevez en E et F des perpendiculaires.

Entre CD, prenez le point H au-dessus de AB de 2 pieds 5 pouces, pour de H faire le cercle extérieur de la roue de derrière.

Entre E et F prenez le point G au-dessus de AB, de 2 pieds, pour de G tracer le cercle de la roue de devant.

De H et de G faites deux autres petits cercles qui auront pour diamètre CD ou EF, qui représenteront le gros bout des fusées.

Du dessous des cercles G et H, de I et de L, faites IM et LP de 8 pouces pour la hauteur de l'essieu; ensuite PQ de 7 pouces pour la hauteur du lisoir de derrière, MN de 6 pouces pour la hauteur de la sellette, et NO de 7 pouces pour la hauteur du lisoir de devant.

Le brancard S se repose sur le lisoir QP, mais il est entaillé en O de 3 pouces et saille en R de 10 pouces; sa hauteur est de 5 pouces. Pour placer les taquets TV du milieu du lisoir O en X, portez la distance de la plate-bande de la culasse au centre des tourillons de la pièce qui est 4 pieds 4 pouces.

Les taquets seront éloignés l'un de l'autre du diamètre des tourillons de 5 pouces 6 lignes, le point X au milieu.

Les brancards seront chanfrinés comme on le voit.

La flèche Y qui a 5 pouces d'épais, entre dans le lisoir P et dans l'essieu H également, mais en rond de 4 pouces de diamètre ; elle entre aussi dans la sellette et l'essieu de devant, autant dans l'un que dans l'autre avec un peu de jeu, elle se courbe un peu vers Z pour élever la sassoire 2. Cette flèche s'appelle flèche tournante, et on peut éloigner le train de derrière plus ou moins selon la longueur du fardeau, et on l'arrête avec une esse 4.

Les empanons 3, 4, seront sur la flèche arrondi en dedans, entrant dans le lisoir P et l'essieu H également, saillant par dehors de 4 pouces, et auront de long 3 pieds 1/2 et seront de 4 pouces d'épais.

Les armons 5 et 6 ont depuis l'essieu G jusqu'en 6, 2 pieds, et depuis le même essieu G jusqu'en 5, 2 pieds 9 pouces, ils passent entre la sellette et l'essieu également dans l'un et dans l'autre; leur hauteur est de 4 pouces 1/2. Le boulon 7 est placé à 6 pouces des bouts 6 des armons, et à 6 pouces des bouts 8 de la limonière 8, 9.

La limonière 8, 9, a 8 pieds de long et 2 pouces 1/2 d'épais.

DU PLAN.

Pour tracer le plan, abaissez du profil toutes les perpendiculaires ponctuées qui donneront des longueurs et largeurs nécessaires sur le plan. L'entre-deux des moyeux 10, 11, et 12 13, est de 3 pieds.

L'espace 16, 17, entre les brancards 1 pied.

Les brancards 5 pouces de large.

Les armons distants de la sassoire 18, 19, de 3 pieds 2 pouces, distant sur le devant 20, 21 ; de l'entaille on passe les armons dans l'essieu et la sellette ; compris leur largeur et l'entaille de la flèche 30 pouces, par devant et par derrière 31 pouces.

Les armons ont de large dans cet endroit, 5 pouces 1/2.

La même entaille, faite par derrière, 31 pouces, reste pour l'entaille de la flèche, 20 pouces, et de haut dans l'essieu, 2 pouces, et dans la sellette, 2 pouces 1/2.

Les empanons distants compris leurs largeurs, de 25 pouces par dehors et par dedans 21 pouces ; ils ont 5 pouces de large en cet endroit.

Ils se joignent à 14 pouces de l'essieu et couvrent ensemble 19 pouces.

Le moyeu
- longueur, 19 pouces.
- bouge.
- gros bout.
- petit bout.

Jantes
- hauteur, 5 pouces 1/2.
- épaisseur, 3 pouces 1/2.

Ce qui servira pour achever les roues du profil.

LIMONIÈRE.

La limonière, 8 pieds de long.

L'établage, 6 pieds de long, 2 1/2 de large dans le milieu. 26 sur le devant, et à l'entretoise, 2 pouces, sur le devant 22 pouces.

ÉLÉVATION D'UN CHARRIOT A PORTER CORPS, VU PAR DERRIÈRE.

Pl. 15, fig. 1re.

Les élévations se feront en prenant les hauteurs sur le profil et les longueurs sur le plan.

ÉLÉVATION D'UN CHARRIOT A PORTER CORPS, VU DEVANT.

Pl 15, fig. 2.

A. Coupe du train de derrière d'un charriot à porter corps, dans le milieu du lisoir (Pl. 15. fig. 3).

B. Coupe de l'avant-train d'un charriot à porter corps, dans le milieu du lisoir (Pl. 15, fig, 4).

Ces coupes se feront en prenant les hauteurs sur le profil et les longueurs sur le plan.

Ces coupes servent à faire voir les ferrures cachées, comme les sayes C D et ranchers E F, aussi bien que les boulons; G H. clavettes sur les brancards et la cheville ouvrière. L lisoir. M sellette, N. essieu.

CHARRIOT PORTE-CORPS, DE 24.

Pl. 16, fig. 1re.

A. Charriot porte-corps vu de côté, c'est le même que celui de la planche 15.

B. Plan du charriot à porter corps, vu par dessous.

Les ferrures se conçoivent assez sans qu'il soit besoin de dessin particulier, puisque celles des roues sont les mêmes que celle de l'autre.

La cheville ouvrière est un gros boulon C, qui a la tête plate avec une clavette à l'autre bout.

TRIQUEBALLE.

Pl. 16, fig. 2.

Menez la ligne I K horizontale, prenez A B. de 7 pouces pour la largeur de l'essieu et élevez deux perpendiculaires. entre et au milieu des perpendiculaires A et B, prenez le point D, éloigné de I K de 3 pieds 1/2. pour le centre de la roue duquel vous ferez un cercle entre les parallèles A B. qui sera le gros bout de la fusée de l'essieu.

Du dessous du cercle D, prenez CE, de 8 pouces pour la hauteur de l'essieu, puis EG de 7 pouces pour la hauteur du lisoir.

Le timon de chèneau, de brin de 14 à 15 pouces en carré. par derrière, 4 pouces 1/2 ; entaillé dans l'essieu et dans le lisoir également.

Il n'a d'épaisseur sur le bout de devant que 3 pouces 1/2.
La roue a 7 pieds 1/2 de diamètre.

Moyeu	longueur.	21 pouces.
	bouge.	16 »
	gros bout	13 »
	petit bout	11 »
Jantes	hauteur.	5 »
	épaisseur.	3 »

FERRURES.

Une bande autour du bout, dessus et dessous.

Une bande dessus, commençant à 18 pouces du bout, faisant fourche et finissant sur les armons.

Une bande dessous de 6 pieds faisant fourche.

Deux liens.

Un anneau au bout avec un boulon et deux bandes en contre-rivures.

Un crochet sur le timon.

3 liens aux empanons.

Sayes, contre-sayes, liens d'assemblage ou étrier et ferrures des roues.

VU ET PLAN DU TRIQUEBALLE.

Pl. 16, fig. 3 et 4.

Pour tracer le plan, il faudra mener les deux parallèles AB. CD, éloignées de 7 pouces, largeur de l'essieu; puis prenez sur ces parallèles EF, de 2 pieds 5 pouces, longueur du corps de l'essieu et qui est l'espace entre les deux moyeux.

Les empanons GH passent en G et en H de 4 pouces, et ont 4 pieds de long.

CHÈVRE.

Pl. 17. fig. 5.

A. Chèvre.

B. Jambes.
C. 3ᵉ épars.
D. 2ᵉ épars.
E. 1ᵉʳ épars.
F. Treuil.
G. Pied de la chèvre.
H. Cappe ou coiffe.
I. Languette.
L. Liens ou virolle.
M. Fiches ou pointes.

CABLE DE LA CHÈVRE.

Pl. 17, fig. 7.

MANIÈRE DE PASSER LE CABLE DE LA CHÈVRE.

Le cable passe plusieurs fois autour du treuil B et remonte par C, sur la poulie D d'où il descend par I pour passer sous la poulie de l'écharpe E; il remonte ensuite par F et va sur la poulie G, puis redescend en H. Le crochet L se met dans l'anse de la pièce, alors on lie le bout du cable H à l'autre anse, et on tourne au treuil.

CHÈVRE ÉQUIPÉE.

Pl. 18.

A. Chèvre équipée.
B. Pièce de canon.
C. Écharpe.
D. Crochet dans l'anse.
E. Bout du cable lié à l'autre anse.
F. Leviers pour faire tourner le treuil. Quand on passe des petits cordages GH dans des trous faits aux bouts de ces leviers, deux hommes tirent aux cordages pendant que deux autres pèsent aux leviers, ce qui donne plus de facilité à lever la pièce.

Lorsque la pièce est assez haute, on avance l'affût I sous la pièce pour la recevoir, en lâchant le cable ou le faisant tourner en retenant les leviers.

CRIC.
Pl. 18.

A. Cric.
B. Fourche.
C. Griffe.
D. Manivelle.

CHARRETTES A MUNITIONS.
Pl. 18. fig. 1 et 2.

A. Charette coupée en long.
B. Élévation de la charette.
CD. Limons.
E. Ridelles.
F. Ranchers.
G. Porte-ranchers, de fer.
H. Échantignole.
I. Liens d'échantignole qui est chevillée avec le limon par deux chevilles de bois.
L. Tressaille.

CHARRIOT A MUNITIONS D'ALLEMAGNE.
Pl. 20. fig. 2 et 3.

AB.   2 pieds 8 pouces.
CD. 13 pieds 3 pouces.
EF. 23 pouces.

PROPORTIONS DU HAQUET A PONTON.
Pl. 21. fig. 3 et 4.

Longueur des brancards A N. 17 pieds 9 pouces.

AB. 5 pouces 6 lignes, du bout à l'entretoise.

BC. 4 pouces, largeur de l'entretoise, élégie de la moitié jusqu'à 2 pouces du bas pour porter les poutrelles; comme on le voit elle affleure le haut et le bas des brancards.

AD. 16 pouces du bout au premier support.

DE. Épaissseur du support, 4 pouces.

AF. 2 pieds 2 pouces, du bout au dedans de la planche qui retient les madriers.

AG. 3 pieds 5 pouces, du bout au second support.

GH. 4 pouces, épaisseur du second support.

AI. 4 pieds 9 pouces, du bout au premier épars.

Largeur de l'épars IK, 3 pouces 6 lignes.

AL. 6 pieds 4 pouces, du bout au centre de la roue.

AM. 8 pieds 1 pouce, du bout, au centre de la roue; au troisième support ; épaisseur du support, 4 pouces.

NO. 12 pouces, largeur de l'entretoise de devant.

NP. 6 pouces, du bout de devant au premier support : épaisseur du support, 4 pouces.

NQ. 3 pieds 8 pouces, du bout de devant au-dedans de la planche qui retient les madriers : à tous ces points élevez des perpendiculaires.

Prenez LS, de 2 pieds 1/2, pour avoir S, centre de la roue.

Au point S, faites un cercle du diamètre de l'essieu ou de 6 pouces.

Du dessous de ce petit cercle, prenez TV, de 7 pouces, hauteur de l'essieu.

Faites VX, de 4 pouces, pour avoir le dessus de l'échantignolle.

Du dedans de l'échantignole, prenez 6 pouces en en bas pour la hauteur de l'échantignole, ce qui encastrera l'essieu dans l'échantignolle de 2 pouces.

Faites NY, de 1 pied 4 pouces 6 lignes, pour avoir le centre de la petite roue au point Y; faites un cercle de 5 pouces 6 lignes de diamètre qui sera la largeur de l'essieu de l'avant-train.

Du dessous de ce petit cercle, prenez 2. 4. de 6 pouces pour la hauteur de l'essieu, et 4. 5. de 14 pouces pour la hauteur de la sellette.

De 5 en V. menez une ligne qui sera le dessous du brancard à laquelle menez une parallèle éloignée de 6 pouces pour la hauteur du brancard.

Faites le brancard de 17 pieds 9 pouces depuis la perpendiculaire A.

Faites les supports CD, GH, M, R. O. de 6 pouces audessus des brancards,

La planche F, élevée au-dessus des brancards de 6 pouces. soutenue par un taquet d'un pied de haut contre lequel est clouée la planche qui a 6 pouces de haut et 2 pouces d'épais.

La planche Q, élevée de même par un taquet refendu assemblé à tenons dans le brancard.

Ces deux planches entretenues par 2 de fer 7. 8.

NZ. De 4 pour l'épars, de 3 pouces de large et 2 d'épais.

L'échantignole est à 3 pieds 1/2 du bout A, et a 5 pieds de long.

DU PLAN.

Les perpendiculaires continuées donneront l'emplacement de toutes les pièces.

Les supports saillent de 13 pouces de chaque côté des brancards : leurs entailles ont 5 pouces de long et 1 pouce de profondeur.

Les brancards, distants de 2 pieds 6 pouces.

Épaisseur des brancards, 3 pouces 6 lignes.

Les planches saillent de 5 pouces de chaque côté des brancards.

Les supports élégis d'un pouce par dessous pour le passage des poutrelles, comme on le voit au profil 9 et au plan 10.

DES FERRURES.

Les ferrures des roues. à l'ordinaire.

Les autres se voient.

FRAGMENTS DE PLANS ET PROFILS D'UN PONTON.

Pl. 22. fig. 1, 2. 3.

On voit par ces fragments de plans et profils d'un ponton.
ce que doivent avoir toutes les pièces étant cotées par pouces
et lignes.

La coupe en travers fait voir les largeurs d'u ponton qui sont
aussi cotées.

OUTILS A FORGEURS.

Pl. 31 et 32.

A. Soufflet.
B. Têtière.
C. Buse.
D. Tuyère.
E. Branloire.
F. Marteau à devant.
G. Marteau à main.
H. Marteau fendu.
I. Tenaille croche.
M. Tisonnier droit.
N. Tisonnière croche.
O. Servante.
P. Écouvette.
Q. Clouyère.
R. Tranche.
S. Ciseau à froid.
T. Poinçon.

GRENOIR.

Pl. 34, fig. 1 et 2

A. Grenoir.
B. Poudrier qui graine la poudre avec un crible.

C. Plan du grenoir.

D. Crible ou grenoir avec deux petits plateaux de bois que l'on met sur le poussier, et en faisant aller et venir le grenoir ces plateaux grainent la poudre qui tombent dans les coffres E. que l'on passe ensuite dans un tamis pour en séparer le poussier et pour en avoir le grain net.

ÉPREUVE DES POUDRES.

Pl. 35.

A. Piquets plantés de 5 en 5 toises pour faciliter à compter la portée du boulet B.

CARTOUCHE DE FUSIL.

Pl. 36.

A. Rouleau de bois plus petit que le calibre du fusil pour rouler le papier B, que l'on chiffonne par un bout et dont on retire le rouleau ou baguette A. ce qui fait un petit sac de papier rond dans lequel on met la charge de la poudre; et on chiffonne le reste quand on veut une cartouche seulement de poudre.

Mais quand on veut une cartouche à balle, il faut que la balle soit à queue, comme C, pour la lier au papier D. ou bien si la balle est sans queue on la met dans la cartouche sur la poudre, comme en D.

D'UN PONT POUR PASSER UN FOSSÉ PLEIN D'EAU LORSQU'ON VEUT DONNER ASSAUT.

Pl. 42.

Le logement du chemin couvert étant fait et les batteries établies pour battre en brèche, on commence à travailler à la descente du fossé et l'on se dispose à faire des ponts quand le fossé est plein d'eau: l'on a soin de s'informer si

l'ennemi peut augmenter l'eau, afin de se régler sur le débouché du pont. Si l'eau ne peut pas s'augmenter et que le
mur de la contrescarpe soit élevé, par exemple, de 4 pieds
au-dessus de l'eau, on démolira la maçonnerie jusqu'à un
pied près de l'eau, et le passage se fait à côté de la traverse
de la place d'arme rentrante, qui se trouve ordinairement
au milieu des faces des bastions et demi-lunes. La traverse
couvre en partie du feu de l'ennemi et on n'a qu'à se blinder
pour aller gagner le débouché du pont.

Le débouché se fait de 9 pieds de large, on en masque la
moitié avec des gabions pour servir de traverse et pour que
quelques coups de fusil que l'on tire de la brèche, n'enfile la
galerie.

Le débouché étant fait, la galerie bien blindée, la rampe,
depuis la contrescarpe jusqu'au débouché, aisée pour que l'on
puisse y faire filer la fascine, gabions, sacs à terre, et tous les
matériaux nécessaires qui conviennent pour la construction du
pont, on commence à jeter des fascines dans l'eau, auxquelles
on aura attaché à l'un des bouts un sac plein de terre pour
qu'il puisse faire enfoncer la fascine. L'on jette aussi, pour
bien assurer la culée du pont, des gabions pleins de fascines
droites de toutes leurs longueurs ; après les fascines en pointes,
l'on en met en pointe et en travers, on met des clayes que l'on
garnit de piquets et d'un grand nombre de sacs pleins de terre
pour les faire enfoncer ; l'on continue la même manœuvre
jusqu'à ce que la culée soit faite bien solide et qu'elle touche
à terre, car pour le reste du pont il n'en est pas nécessaire : l'expérience ayant fait voir que 8 pieds de fascines
bien entrelassées les unes dans les autres peuvent porter du
canon.

Quand la culée est bien établie, l'on continue à jeter des
fascines en pointes, après en travers, et toujours des clayes avec
des piquets de 4 pieds de long et charger ces clayes de sacs
pleins de terre pour les faire enfoncer, afin d'avoir l'épaisseur
de 8 pieds de fascines pour que le pont soit bon.

Pour empêcher que le pont ne se sépare, comme il est arrivé par suite de la précipitation avec laquelle on le fait, il faut
avoir des longrines les plus longues que l'on peut trouver, de

6 sur 4 pouces d'équarrissage, on les fait percer de 4 en 4 pieds et l'on passe dans ces trous des chevilles de bois de 3 pieds de long, dont la moitié sort de chaque côté. On place ces longrines sur 3 ou 4 files tout le long du pont, bien attachées les unes aux autres, afin que le pont ne branle pas; si l'on croit que l'ennemi veuille soutenir l'assaut à l'ouvrage que l'on attaque, on ne saurait prendre trop de précaution pour faire les ponts bien solides.

On leur donne 6 toises de large, compris l'épaulement qui se fait du côté du flanc, auquel on donne 15 pieds.

CHARRIOT

POUR VOITURER LES MUNITIONS DE GUERRE

DESTINÉES A UN SIÉGE.

Pl. 43.

PIÉCE DE 33 OU DE 24 BRESLÉE SUR SON CHARRIOT.

Fig. 1re.

AFFUTS DE 24 SUR LESQUELS ON MET LES MORTIERS DE 8 ET
LEURS AFFUTS.

Fig. 2.

AFFUT DE 24 HAUT-LE-PIED SUR LEQUEL EST UNE CHEVRE
ET UNE ROUE.

Fig. 3.

PIÉCE DE 8 OU DE 9 MONTÉE ET ARMÉE.

Fig. 4.

PIÉCE DE 12 MONTÉE ET ARMÉE.

Fig. 5.

CHARRIOT A PORTER CORPS CHARGÉ D'UN MORTIER DE 12
ET DE SON CRAPAUD.

Fig. 6.

HAQUET AVEC SON PONTON DE CUIVRE.

Fig. 7.

CHARRIOT DE MUNITIONS, POUR POUDRE, PLOMB, MÈCHES, OUTILS.
PLATES-FORMES. ETC.

Fig. 8.

CAISSON POUR LES MENUS ACHATS ET AUTRES CHOSES QUI
DOIVENT ÊTRE SOUS CLEF.

Fig. 9.

CHARBONNIÈRE.

Fig. 10.

DES BATTERIES.

Pl. 44 et suivantes.

MATÉRIAUX ET DÉTAILS DE CONSTRUCTION.

IL FAUT AVOIR HACHES ET SERPES.

HARTS.

CHEVALETS OU BOURIQUETS.

CABESTANTS POUR SERRER CES SAUCISSONS.
Pl. 44, fig. 2.

MASSES POUR ENFONCER LES PIQUETS.

BRANCHES DE FASCINES DONT ON SE SERT POUR FAIRE LES
SAUCISSONS.
Pl. 44, fig. 1re.

SAUCISSON RELIÉ.

GABION.

PIQUETS.

COFFRE.

PROFIL DE LA CHEMISE ÉLEVÉE A 3 PIEDS, QUI EST LA GENOUILLÈRE.
AVEC UN PIQUET AU MILIEU DE L'EMBRASURE.
Pl. 44, fig. 3.

ÉLÉVATION DE LA GENOUILLÈRE.
Fig. 4.

ÉLÉVATION DE L'ÉPAULEMENT ACHEVÉ.
Fig. 5.

BATTERIES.

EMBRASURE MASQUÉE PAR UN GABION REMPLI DE FASCINES.
Fig. 6.

PIÈCE DE 24 EN BATTERIE.
Pl. 45.

PIÈCE DE 24 EN BATTERIE.

VUE D'UNE EMBRASURE PAR DEVANT L'ÉPAULEMENT FASCINÉ.

BATTERIE MASQUÉE.

BATTERIES DE 10 PIÈCES.

BATTERIE A RICOCHET.
Pl. 45.

BATTERIE A RICOCHET.
Pl. 46.

COURBE DU RICOCHET.

BATTERIE SUR LE GLACIS POUR BATTRE EN BRÈCHE.

BATTERIE DE CHEMINS COUVERTS POUR BATTRE EN BRÈCHE.
Pl. 47.

BATTERIE DANS UNE CONTRE-GARDE.

BATTERIE A REDANS.

BATTERIE EN FER A CHEVAL.

BATTERIE A BARBETTE DE REMPART.

BATTERIE A BARBETTE DE MARINE.

GABION.

BATTERIE DE GABIONS DANS UN MARAIS.

PROFIL D'UNE BATTERIE DE GABIONS DANS UN MARAIS.
Pl. 48.

LA MÊME BATTERIE MASQUÉE.

BATTERIE A BOULETS ROUGES.

PORTIÈRE.

MORTIER DE 12 CONTENANT 18 LIVRES DE POUDRE.

Pl. 49.

Longueur de la chambre AB, 18 pouces.
Hauteur du collet BC, 4 pouces.
Diamètre de l'âme DE, 12 pouces 1/2.
Diamètre du collet FG, 6 pouces.
Le compas ouvert du demi-diamètre de l'âme, posez-le en F et l'autre jambe sur l'âme en K, qui sera le centre de l'âme.
Le diamètre de la chambre HI, 4 pouces 9 lignes 1/2.
Ce mortier porte sa bombe de 1,500 à 1,800 toises.

MORTIER DE 12 CONCAVE, CONTENANT 12 LIVRES DE POUDRE.

Pl. 49.

Longueur de l'âme.	18 pouces	
Diamètre { de l'âme.	12	6 lig.
Diamètre { au collet.	5	4
Hauteur du collet.	3	6
Diamètre de la chambre.	9	6
Épaisseur à la volée.	2	6
Épaisseur du renfort.	3	
Le renfort placé du bout.	9	
Longueur du renfort	6	
Longueur du mortier	38	
Diamètre des tourillons	7	6
Longueur des tourillons.	30	
Largeur de l'ornement de volée. .	3	
Largeur de l'ornement du renfort. .	3	
Épaisseur à la chambre.	6	

Jette sa bombe à 1,400 toises.

MORTIER DE 12 POUCES, CONCAVE, CONTENANT 8 LIVRES DE POUDRE.

Pl. 49.

Longueur de l'âme.	18 pouces	
Diamètre { de l'âme.	12	6 lig.
{ du collet.	5	
Hauteur du collet.	3	
Diamètre { de la chambre	7	
{ de la petite chambre. . .	2	
Épaisseur { à la volée.	2	6
{ au renfort.	3	
Le renfort placé du bout.	9	
Longueur du mortier.	36	
Diamètre des tourillons.	7	6
Longueur des tourillons.	28	
Largeur { de l'ornement de volée. . .	3	
{ de l'ornement de renfort. .	3	
Longueur du renfort	6	

Jette la bombe à 1,200 toises.

MORTIER DE 18 POUCES.

Pl. 49.

MORTIER POIRE DE 12 POUCES.

Pl. 50.

Longueur de l'âme AB, 18 pouces.
Longueur de la chambre CB, 11 pouces.
Diamètre à l'entrée de la chambre B, 5 pouces 3 lignes.
Diamètre de la chambre au centre D, 6 pouces 6 lignes.
Diamètre de l'âme EF, 12 pouces 3 lignes.

AUTRE MORTIER POIRE DE 12 POUCES.

Pl. 50.

Longueur de l'âme AB, 18 pouces.

Longueur de la chambre BC, 8 pouces 6 lignes.

Diamètre de la chambre au collet B, 4 pouces.

Diamètre de la chambre au centre D, 4 pouces 9 lignes.

Diamètre de l'âme EF, 12 pouces 4 lignes.

G. Ornement de volée, filet, tors et congé.

H. Astragale, demi-rond et filet.

I. Ornement sur le renfort, filet demi-rond, gorge et filet.

L. Ornement sous le renfort, filet-doucine, filet-gorge, ou congé saillant sur la culasse.

DIMENSIONS PRINCIPALES DU PIERRIER.

Pl. 50.

Longueur de l'âme.	18 pouces.	«
Diamètre de l'âme.	12	4
Diamètre de la chambre.	5	
Longueur de la chambre.	9	6
Épaisseur à la volée.	2	
Épaisseur au renfort.	2	6
Le renfort placé du bout.	11	

MORTIER DE 12 CYLINDRIQUE CONTENANT 6 LIVRES DE POUDRE.

Pl. 50.

Largeur du renfort.	6 pouces.	«
Épaisseur à la chambre.	4	
Longueur du mortier.	33	
Diamètre des tourillons.	7	6
Longueur des tourillons.	28	
Largeur { de l'ornement	2	
{ de l'ornement du renfort. .	3	

Jette sa bombe à 700 toises.

MORTIER CÔNE DE 12.

Pl. 50.

Longueur de l'âme AB. 18 pouces.

Longueur de la chambre conique B C, 12 pouces 9 lignes.

Diamètre de l'âme D E et de la chambre à son entrée 12 pouces 3 lignes.

PIERRIER.

Pl. 51.

Longueur de l'âme A B.

Longueur du collet pour le plateau B C, 14 lignes.

Longueur de la chambre C D, 8 pouces.

Diamètre de la chambre { au collet C, 4 pouces. { au fond D, 2 pouces 9 lignes.

Diamètre de l'âme E F, 15 pouces.

Diamètre de tout le pierrier G H, 18 pouces.

Diamètre des cercles, 18 pouces 5 lignes.

Diamètre entre les cercles, 17 pouces 9 lignes.

Diamètre de la plate-bande de volée I, 19 pouces 3 lignes.

Diamètre de la plate-bande de l'ornement de la culasse L, 12 pouces 8 lignes.

Diamètre de la chambre M, 7 pouces 9 lignes.

Diamètre au renfort N, 8 pouces 7 lignes.

Longueur du pierrier, 32 pouces.

I. Ornement de volée.

O. Premier cercle.

Voyez pl. 50, pour l'ornement de culasse L M N.

PIERRIER CÔNE.

Pl. 51.

Longueur de l'âme, 21 pouces.

Longueur de la chambre, 8 pouces.

Diamètre de l'âme, 12 pouces 4 lignes.

Diamètre de la chambre, 8 pouces 4 lignes; ce qui laisse 2 pouces tout autour pour le plateau.

Diamètre du pierrier, pour 15 pouces 7 lignes.

Diamètre de la plate-bande de l'ornement de volée A.
Diamètre du renfort, 16 pouces 6 lignes.
Diamètre B, 17 pouces 9 lignes.
Diamètre sous l'ornement du renfort. 12 pouces 10 lignes.
Diamètre sur les tourillons, 9 pouces 4 lignes.
Largeur des languettes, 2 pouces.
Épaisseur des languettes.
Longueur des languettes, 5 pouces.
A. Ornement de volée.
B. Astragale.
C. Ornement sur le renfort.
D. Ornement sous le renfort.

MORTIER DE 8 CYLINDRIQUE.

Pl. 51.

Longueur de l'âme, 12 pouces.
Longueur de la chambre, 6 pouces 3 lignes.
Diamètre de l'âme, 8 pouces 4 lignes.
Diamètre de la chambre, 3 pouces.
Diamètre à la volée, 11 pouces 9 lignes.
Diamètre du mortier, 11 pouces 2 lignes.
Diamètre du renfort, 12 pouces.
Diamètre à la chambre, 2 pouces 8 lignes.
Diamètre du demi-rond de volée A, 12 pouces 5 lignes.
A. Ornement de volée.
B. Ornement sur le renfort.
C. Ornement sous le renfort.

PROFIL ET PLAN D'UN AFFUT DE 8.

Pl. 52.

A. Profil ou vue par le bout d'un affut de 8.
B. Mortier de 8 monté.
C. Coussinet.
D. Plan.

PROFIL D'UN AFFUT A PIERRIER, COSNE.

Pl. 53.

A. Profil ou vue par le bout de l'affût à pierrier cosne.
B. Pierrier cosne, monté.
C. Coussinet.

DE L'ÉPREUVE DE LA POUDRE.

Que les poudres soient battues au moins 24 heures.

Que le salpètre soit de 3 cuites parfaitement dégraissé et dessalé.

Que le charbon soit de bourdaine.

Que la poudre ne soit pas de gros grains, mais du grain de la poudre à mousquet.

Que la poudre soit éprouvée avec un petit mortier fondu sur sa semelle, ajusté sur madrier, de manière qu'il soit pointé à 45°.

Que la chambre soit de façon que 3 onces de poudre mises avec un entonnoir, porte le boulet à 50 toises, et les poudres radoubées à 45 toises.

PROPORTION DU MORTIER A ÉPROUVER LES POUDRES.

Diamètre de l'âme.	7 pouces	3/4 lig.
Longueur de l'âme.	8	10
Diamètre de la chambre.	4	10
Longueur de la chambre.	3	3
La lumière éloignée du fond.		1
Diamètre en dehors du mortier à la volée.	8	10
Diamètre autour de la chambre	4	8 1/2
Diamètre de la lumière.		1 1/2
Épaisseur à la bouche.		10
Longueur de la semelle.	16	
Largeur de la semelle.	9	

Épaisseur de la semelle. . . . . .   1 pouce 6 lig.
Diamètre du boulet de 60 livres. . . .   7
Une anse représentant un dauphin se tenant par la queue.
Une autre anse par la volée.
Une languette au milieu.

Il faut que ce mortier soit fondu avec sa semelle et pointé dessus à 45°.

Cette semelle encastrée dans un madrier et attachée bien ferme par les quatre coins, avec autant de boulons arrêtés par des clavettes à l'endroit où sont placés les boulons.

Il faut deux bandes de fer qui passent par-dessous le madrier et le viendront embrasser jusque par-dessus; les quatre boulons seront passés dans les bandes de fer.

Il faut aussi observer que la plate-forme de bois soit bien de niveau, et que le mortier ait son recul libre aussi bien que son madrier dans lequel il est encastré.

ÉPROUVETTE.

Pl. 53.

USTENSILES.

Nécessaires lorsqu'on éprouve les poudres.

Pl. 54.

A. Balance.
B. Cuillère de bois.
C. Mesure de fer blanc.
D. Boîte pour mettre les 3 onces de poudre à éprouver.
E. Entonnoir.
F. Balay.
G. Grattoire du boulet.
H. Grattoire du mortier.
I. Levier avec le crochet L pour porter le boulet.
M. Règle.
N. Niveau à quart de cercle.

AUTRE MORTIER A ÉPROUVER LES POUDRES DONT ON SE SERT A
LA FÈRE.

Pl. 54, fig. 1re.

Longueur de l'âme. . . . . 9 pouces.
Diamètre de l'âme. 7   «
Longueur de la chambre. 3   3 lig.
Diamètre de la chambre. 2
Longueur de la semelle. 30
Largeur de la semelle. 18
Épaisseur de la semelle. · 3   6
Pointé à 45° soutenu par une languette,
  il pèse avec sa semelle 1,200.
Diamètre à la volée. 12   4
Diamètre à l'extérieur de la chambre. . 8   4
Le premier cercle du bout. 6
Du bout sous le premier cercle. . . . 7
Le second cercle du bout. 7   9
Du bout sous le second cercle. . . . 8   6
Le troisième cercle du bout. 9   3
Du bout sous le troisième cercle. . . 10
Du bout à l'astragale de l'arrondissement. 10   6
Du bout sous l'astragale du bassinet . . 12   3

Ce mortier agit sur sa semelle sans madrier, mais sur une plate-forme comme on le voit.

FERS FORGÉS.

Pl. 59.

A. Carreau ou bille d'acier.
B. Bande de fer plat.
C. Bande de fer carré.
D. Bande de fer rond.
E. Échantillon de bois.
F. Mandrin.

VUE DES MOULES A COULER LES BOULETS ET LES BOMBES.

Pl. 59.

A. Couler les boulets.
B. Couler les bombes.

MOULES POUR COULER LES BOMBES.

Pl. 60, fig. 1re.

A. Chappe.
B. Noyau.
C. Chapelets.
D. Évent.
E. Cuillère pour couler.
F. Anses.

MOULAGE DES BOULETS.

Pl. 60, fig. 2.

A. Plateau que l'on enterre en B, pour avoir le creux B.

C. Noyau de la grosseur du boulet enterré à moitié, aussi bien que le jet D.

E. Fer coulé qui forme une demi-coquille.

F. Pour faire rencontrer les deux demi-coquilles à laquelle ils se trouvent quatre petites pyramides ; ces pyramides se font par le moyen de petit morceau de bois G. coupé en pointe et en carré.

(Fig. 3 et 4.) A. Demi-coquilles enterrées avec son noyau B. sur laquelle on coule du fer pour avoir un autre demi-coquille, et les deux sont comme D E.

Lorsqu'on veut couler des boulets, on met plusieurs coquilles sur une gueuse, comme en F, que l'on serre avec des coins G, et on coule au moyen d'une cuillère avec laquelle on a puissé du fer au fourneau.

H. Boulet qui vient d'être coulé dont on casse le jet I par

un coup de marteau, et l'ébarbure s'abat à coups de marteaux
et ciseaux.

PIÈCES D'UNE PLATINE DE FUSIL VUE PAR DEHORS.

Pl. 63.

A. Corps de platine.
B. Corps de chien.
C. Vis de chien.
D. Crête de chien.
E. Mâchoire.
F. Vis de mâchoire.
G. Bouts des vis de platine.
H. Bassinet.
I. Batterie.
K. Ressort de batterie.
L. Bride.
M. Vis de batterie.
N. Vis du ressort de batterie.

PIÈCES D'UNE PLATINE DE FUSIL VUE EN DEDANS.
Pl. 63.

A. Corps de platine.
B. Bassinet.
C. Batterie.
D. Grand ressort.
E. Vis du grand ressort.
F. Bout de la vis de batterie.
G. Noix.
H. Bride.
I. Gachette.
K. Ressort de gachette
L. Vis de gachette.
M. Vis du ressort de gachette.

FIN.

TABLE DES MATIÈRES

SUIVANT L'ORDRE CONSERVÉ DANS L'OUVRAGE.

	Pages.
Outils d'armurier.	90
De la poudre.	91
Du salpêtre.	id.
Qualité du salpêtre.	id.
Du soufre.	id.
Le charbon.	id.
Composition de la poudre.	92
Du grenoir.	id.
De la poudre à gibier.	id.
De l'épreuve des poudres.	id.
Des barils à poudre, de 200.	93
Des poudres à refectionner.	id.
Des boulets.	id.
Des cartouches.	id.
Des gargouges.	94
Du plomb.	id.
Tables des diamètres du plomb.	95
Des barils.	id.
De la mèche.	id.
Des tonnes.	id.
Des sacs à terre.	96
Des cordages.	id.
Combleau.	97
Cable de chèvre.	id.
Alonge	id.
Double prolonge.	id.
Prolonge simple.	98
Le travers.	id.
Trait à canon.	id.
Trait bâtard.	id.
De la galère.	id.
Equarrissage	99
Observations.	id.
Munitions pour un équipage d'une armée de 100,000 hommes.	id.
Artifices et menus achats.	100
Bois de remontage.	101
Brigades.	102
Brigades du parc.	id.
Récapitulation de la brigade du parc.	id.
Munitions du parc.	103
Pontons.	104
Brigades légères	id.
Récapitulation des munitions d'une brigade légère.	105
Etat des voitures et chevaux.	106

TABLE DES MATIÈRES DU COMPLÉMENT.

FIN DE LA TABLE.

——❖❖❖❖❖ ❖❖❖❖❖——

ERRATA.

Page 39, ligne 11, au lieu de *réparer* lisez *vérifier.*
Id. 40, cinquième colonne, lisez *jusque derrière les tourillons.*
Id. 59, ligne 15, au lieu de *pays* lisez *d'épaisseur.*
Id. 66, dernière ligne, mettez *que* avant *les.*
Id. 70, ligne 24, lisez *d'épaisseur.*
Id. 73, ligne 11, effacez *l'* avant *épars.*
Id. 74, ligne 9, *contrefayes* lisez *contreseyes.*
Id. 85, ligne 15, mettez un point après *9.*
Id. 88, ligne 26, lisez *égohine* au lieu d'*égochine.*
Id. 99, au lieu d'*équarrissage* lisez *équipage.*
Id. 106, ligne 4, au lieu de *ou* lisez *et.*
Id. 114, lisez, parc *devant* une place assiégée.
Id. 118, lignes 23 et 24, lisez 33, 24 au lieu de 53, 25.
Id. 138, avant-dernière ligne, lisez *par leur moyen on avance* beaucoup.
Id. 161, ligne 10, au lieu de *des* lisez *aux.*
Id. 162, des bombes, ligne première, au lieu de 3 *lignes* lisez 3 *livres.*
Id. 170, ligne 36, lisez *martinet* au lieu de *massinet.*
Id. 173, ligne 23, au lieu de *tout* lisez *tous.*
Id. 180, ligne 16, au lieu de *fonde* lisez *fende.*
Id. 186, lisez *coussinets à mousquets* au lieu de *coussinets à mousquetaires.*
Id. 206, Empilement des boulets, ligne 5, lisez *ou* triangulaire.
Id. 228, Des bombes, au lieu de 12 lisez *on en met 9,*
Id. 275, ligne 29, lisez *du dessus* au lieu *du dedans.*

Imprimerie hydraulique de GIROUX et VIALAT, à Saint-Denis-du-Port, près Ligny.